OS EVENTOS MAIS IMPORTANTES DA VIDA DE JESUS

APRENDA QUE GRANDE SALVADOR
JESUS É — E A DIFERENÇA QUE
ELE PODE FAZER EM SUA VIDA

WARREN W. WIERSBE

OS EVENTOS MAIS IMPORTANTES DA VIDA DE JESUS

WARREN W. WIERSBE

2ª EDIÇÃO

Geográfica editora

SANTO ANDRÉ, SP - 2023

Copyright © 2017 by Warren W. Wiersbe Originally published in English under the title *Milestones of the Master: Crucial Events in the Life of Jesus and Why They Matter So Much* Originating Publisher: Weaver Book Company, 1190 Summerset Drive, Wooster, Ohio 44691, USA All rights reserved.

Citações bíblicas da Nova Versão Internacional - NVI©

Diretora editorial *Maria Fernanda Vigon*	**Diagramação** *Clara Simas*
Editor responsável *Marcos Simas*	**Capa** *Rick Szuecs*
Editor assistente *Adriel Barbosa*	**Revisão** *João Rodrigues Ferreira* *Carlos Buczynski*
Tradução *José Fernando Cristófalo*	*Nataniel dos Santos Gomes* *Arthur Pinto Souza*
Preparação de texto *Cleber Nadalutti*	*Patrícia de Oliveira Almeida*

•

© Geográfica editora
Todos os direitos desta obra pertencem a: Geográfica editora © 2022
www.geografica.com.br
Quaisquer comentários ou dúvidas sobre este produto escreva para:
produtos@geografica.com.br

NOS SIGA NAS REDES SOCIAIS

 geograficaed   geoeditora

 geograficaeditora   geograficaeditora

W648e Wiersbe, Warren W.
   Os eventos mais importantes da vida de Jesus / Warren W. Wiersbe. Traduzido por José Fernando Cristófalo. – Santo André: Geográfica, 2017.

   136p. ; 16x23cm.
   ISBN 978-85-8064-205-6

   Título original: Milestones of the master: crucial events in the life of Jesus and why they matter so much.

   1. Jesus Cristo. 2. Vida de Cristo. I. Título. II. Cristófalo, José Fernando.

CDU 232.9

Sumário

Prefácio — vii
Introdução — 1
Evento 1: A encarnação e o nascimento de Jesus — 5
Evento 2: O menino Jesus no templo — 17
Evento 3: O batismo de Jesus — 27
Evento 4: A tentação de Jesus — 37
Evento 5: A transfiguração de Jesus — 47
Evento 6: A entrada triunfal de Jesus — 61
Evento 7: A prisão de Jesus no jardim — 69
Evento 8: O julgamento e a rejeição de Jesus — 79
Evento 9: A crucificação de Jesus — 89
Evento 10: A ressurreição de Jesus — 101
Evento 11: A ascensão de Jesus ao céu — 109
Evento 12: O envio do Espírito Santo — 119

Prefácio

Quando estava para entrar no seminário, em 1948, meu tio, Simon Carlson, um pastor aposentado, trouxe-me vários livros retirados de sua biblioteca pessoal, entre os quais um exemplar de *The Crises of the Christ* [As crises de Cristo], escrito por G. Campbell Morgan. À época, eu o desconhecia completamente, porém a leitura daquela obra influenciou-me sobremaneira, bem como ao meu ministério.

No livro, Campbell Morgan aborda sete "crises" ocorridas na jornada terrena de nosso Senhor: nascimento, batismo, tentação, transfiguração, crucificação, ressurreição e ascensão. A obra foi publicada em 1903, época em que "novas teologias" começavam a se infiltrar em escolas e igrejas cristãs. Em suas páginas, Morgan não somente respondeu aos liberais daquele tempo como, igualmente, abordou alguns dos desafios que enfrentamos hoje.

Em seu ministério de pregação e escrita, Campbell Morgan exaltou Jesus Cristo e transmitiu a verdade de Deus de maneira prática e estimulante. Por meio de sua obra, Morgan nos concede um lindo exemplo do ensinamento bíblico, encorajando-nos a pesquisar as Escrituras e buscando relacionar um texto ao outro. Sinto-me afortunado por ter lido esse livro nos primórdios de meu treinamento porque isso me ajudou a amar ainda mais a Bíblia, recebendo a Palavra de Deus como um tesouro da verdade viva e eficaz e não apenas como uma obra de estudo do seminário.

A ideia deste livro floresceu desse meu contato com aquela obra de Campbell Morgan. Durante mais de 60 anos, permeados tanto de pregação pastoral quanto de conferências e ensino no seminário, ocasionalmente transmiti mensagens sobre o que Morgan denominou "as crises de Cristo". Jamais me vali do título ou plagiei o material dele, sempre revelando a todas as congregações a verdadeira origem daquele tema. No entanto, em minha própria série de palestras e trabalho de pesquisa, acrescentei mais três estudos: Jesus no templo como menino, a entrada triunfal de nosso Senhor em Jerusalém e o envio do Espírito Santo.

Jamais conheci G. Campbell Morgan pessoalmente, mas em 1970, enquanto ministrava em Birmingham, Alabama, encontrei-me com um dos seus quatro filhos pastores, Kingsley John Morgan. Ele foi muito generoso em passar algum tempo comigo e, após nossa conversa, retornei ao meu hotel com um saco de livros de sua própria biblioteca (recordações de meu tio Simon!). Entre as obras, havia relatórios raros da Mundesley Bible Conference, fundada e realizada anualmente por Campbell Morgan, além de uma pilha impressa de sermões pregados por ele. Que tesouros de inestimável valor!

Em minha biblioteca pessoal, possuo muitas obras do Dr. Morgan e, de vez em quando, leio um sermão ou um capítulo para enriquecer a minha própria alma. De igual modo, tenho uma fita cassete com a gravação do sermão de Morgan sobre os dois versículos iniciais da Bíblia (Gn 1.1,2). Assim, posso realmente ouvi-lo falar quando tenho algum tempo livre.

Creio que este livro que você está lendo agora irá ajudá-lo a crescer em graça e no conhecimento do Filho de Deus. Nosso Senhor possui um plano mestre para cada um de seus filhos e não podemos falhar em cumpri-lo.

Warren W. Wiersbe

Introdução
Uma vida planejada no céu

Desde a concepção de Jesus, no ventre de Maria, até a sua ascensão aos céus, tudo o que ele fez, disse ou experimentou enquanto esteve neste mundo foi, de antemão, planejado pela Trindade, antes mesmo da criação dos céus e da terra. Jesus disse: "Por mim mesmo, nada posso fazer; eu julgo apenas conforme ouço, e o meu julgamento é justo, pois não procuro agradar a mim mesmo, mas àquele que me enviou." (Jo 5.30). Cristo também afirmou: "pois sempre faço o que lhe agrada" (Jo 8.29b). Ele sabia que estava sob ordens e sempre as obedeceu. A cada manhã, Jesus levantava-se bem cedo e dedicava um tempo em oração ao Pai a fim de receber as "ordens do dia" (Is 50.4,5; Mc 1.35). Este é um bom exemplo a ser seguido por todos os cristãos. Durante a vida e o ministério de Cristo entre nós não houve acidentes, apenas designação divina; e assim sucederá com seus filhos obedientes hoje. "O SENHOR firma os passos de um homem, quando a conduta deste o agrada" (Sl 37.23).

Deus governa a sua criação por decreto e não por um comitê ou consenso popular. João, o apóstolo, ouviu a multidão gritar: "Aleluia, pois reina o Senhor, o nosso Deus, o Todo-poderoso." (Ap 19.6b). O Senhor disse: "Meu propósito ficará de pé, e farei tudo o que me agrada." (Is 46.10b). O rei Nabucodonosor disse sobre o Senhor: "Todos os povos da terra são como nada diante dele. Ele age como lhe agrada com os exércitos dos céus e com os habitantes da terra. Ninguém é capaz de resistir à sua mão ou dizer-lhe: 'O que fizeste?'" (Dn 4.35). Quer gostemos, quer não, o Senhor opera pela execução de seus decretos e não presta contas a ninguém por seus atos.

"Mas os planos do Senhor permanecem para sempre, os propósitos do seu coração, por todas as gerações." (Sl 33.11). O Senhor é soberano, conforme estabelecido por este salmo. Contudo, observe que sua deliberação provém do coração de Deus. A vontade divina é motivada pelo amor do Altíssimo sendo sempre a mais adequada e perfeitamente adaptada a cada um de seus filhos, pois o Senhor "faz todas as coisas segundo o propósito da sua vontade." (Ef 1.11b). Se tal afirmação não constituísse a mais pura verdade, Deus não teria inspirado Paulo a escrever em Romanos 8.28: "Sabemos que Deus age em todas as coisas para o bem daqueles que o amam, dos que foram chamados de acordo com o seu propósito."

Tudo o que aconteceu na vida e no ministério terreno de Jesus foi ordenado antes da fundação deste mundo. Ao ler o Evangelho de João, você descobre que Cristo aqui viveu em cumprimento a uma agenda divina. Na festa de casamento, ele disse à sua mãe: "A minha hora ainda não chegou" (Jo 2.4b). Quando os irmãos de Jesus lhe disseram para ir à festa das cabanas, em Jerusalém, ele respondeu: "Para mim ainda não chegou o tempo certo; para vocês qualquer tempo é certo." (João 7.6b; veja ainda os vv. 8 e 30). Em sua última Páscoa, Jesus sabia que o seu tempo de morrer havia chegado (Jo 12.23,27; 13.1; 16.32). Assim, em sua oração sacerdotal, Jesus exclamou: "Pai, chegou a hora. Glorifica o teu Filho, para que o teu Filho te glorifique." (Jo 17.1b). Por estar seguindo a agenda divina, Cristo não tinha medo daqueles que procuravam matá-lo, mas, com ousadia, prosseguia anunciando a Palavra de Deus. Ele poderia dizer como Davi, assim como nós também podemos: "O meu futuro está nas tuas mãos; livra-me dos meus inimigos e daqueles que me perseguem." (Sl 31.15).

Lembro-me daquele dia sombrio quando fui chamado pela administração do seminário e informado de que deveria cumprir mais um ano antes de minha graduação. Por alguma razão, o seminário não podia aceitar todas as horas que eu havia transferido da Universidade de Indiana, de modo que deveria estudar mais um ano a fim de graduar-me. Isso também significava que minha noiva e eu teríamos de adiar nosso casamento para depois da graduação. (Ela estava em um curso de quatro anos de duração.) Claro que era possível nos vermos ocasionalmente, mas eu estava pastoreando uma igreja e, ao mesmo tempo, tinha de frequentar as aulas por mais um ano, o que me mantinha muito ocupado.

No fim das contas, quando a minha noiva voltou para casa, havia um emprego esperando por ela, e as aulas extras que eu fora obrigado a frequentar revelaram-se extremamente úteis ao meu ministério! Sim, tivemos de ser pacientes e aguardar até a minha graduação, porém, como já afirmei, pudemos nos encontrar ocasionalmente naquele ano. Nossos tempos estavam nas mãos de Deus e tudo transcorreu lindamente, como sempre ocorre quando o Senhor está no controle.

Na Bíblia, podemos encontrar pessoas bem-sucedidas que aprenderam a colocar seu tempo nas competentes mãos do Altíssimo. Abraão e Sara armaram esquemas para conseguir um filho antes do tempo planejado por Deus e pagaram um preço elevado por isso. José não conseguia entender por que todas as coisas pareciam conspirar contra ele no Egito, mas, no devido tempo, o Senhor transformou-o no segundo homem mais forte daquela nação. Ao resgatar sua família da fome, José também livrou da ruína a futura nação de Israel. Moisés tentou usar a sua espada a fim de libertar seu povo da escravidão egípcia, mas sua tentativa fracassou, levando-o a fugir. Quarenta anos mais tarde, Deus enviou-o de volta ao Egito e, somente então, os escravos judeus foram libertos. Os discípulos de nosso Senhor nem sempre entendiam o que o Mestre estava fazendo, porém de uma coisa tinham conhecimento: Jesus estava cumprindo a vontade do Pai.

Ao olhar para trás, em mais de sessenta anos de ministério, posso afirmar que Jesus possui um plano perfeito para cada cristão e que ele descortina esse plano um passo por vez, enquanto obedientemente o seguimos. O propósito deste livro é mostrar a você esses eventos na vida de Jesus de modo que o leve a uma maior compreensão de como o nosso amoroso Deus nos ensina e nos guia hoje.

Evento 1

A encarnação e o nascimento de Jesus
Mateus 1-2; Lucas 1-2

Desde a eternidade, o Senhor Jesus Cristo já existia com o Pai e o Espírito. Juntos, eles conceberam o que chamamos de "o plano da salvação". A preexistência de Cristo constitui uma das doutrinas básicas da fé cristã. João abre o seu Evangelho com estas palavras: "No princípio era aquele que é a Palavra. Ele estava com Deus, e era Deus. Ele estava com Deus no princípio." (Jo 1.1,2). Nosso Senhor não hesitou em afirmar que descera do céu (Jo 3.13; 6.38,42,62; 8.14,42; 16.28; 17.5,8). Diante de Pilatos, Cristo afirmou que tanto havia nascido (no âmbito físico) como havia vindo a este mundo (no âmbito eterno, Jo 18.37). Os bebês são concebidos neste mundo e, assim, eles não "vêm a este mundo", mas tão somente do ventre de suas respectivas mães. Jesus foi milagrosamente concebido no ventre de Maria e, nessa forma, veio a este mundo oriundo do céu.

Primeiramente, o Senhor criou o universo — os céus e a terra. De todos os planetas que Deus criou, ele escolheu a Terra para ser o cenário em que demonstraria a sua graça. "Do Senhor é a terra e tudo o que nela existe, o mundo e os que nele vivem" (Sl 24.1). No processo da criação, Deus *formou* e, então, *preencheu*. Ele formou os céus e os encheu com vários luminares e galáxias. A terra e os mares foram preenchidos com vegetação e vários tipos de criaturas. O clímax da obra criadora de Deus foi o homem e a mulher, que receberam a ordem de serem frutíferos e se multiplicarem.

Como qualquer leitor da Bíblia sabe, nossos primeiros pais desobedeceram ao Senhor e trouxeram o pecado e a morte a este mundo. No entanto, o Altíssimo prometeu-lhes um Redentor: "Porei inimizade entre você [a serpente] e a mulher, entre a sua descendência e o descendente dela; este lhe ferirá a cabeça, e você lhe ferirá o calcanhar" (Gn 3.15). No devido tempo, Deus chamou Abraão e Sara para deles formar a nação de Israel que, mais tarde, daria ao mundo o Redentor prometido — "pois a salvação vem dos judeus" (Jo 4.22b). Abraão e Sara tornaram-se os pais de Isaque. Este e Rebeca geraram a Jacó. Por sua vez, Jacó gerou doze filhos que se tornaram os fundadores das doze tribos de Israel.

De geração em geração, o Senhor revelou seus planos divinos ao povo escolhido por meio de símbolos e profecias. Antes de morrer, Jacó disse aos seus filhos: "O cetro não se apartará de Judá, nem o bastão de comando de seus descendentes, até que venha aquele a quem ele pertence, e a ele as nações obedecerão." (Gn 49.10). Jacó estava falando sobre Jesus, o Filho de Deus. Alguns críticos questionam a razão de Deus ter sido tão severo com o povo de Israel durante os séculos de formação, mas devemos lembrar que os israelitas foram chamados para revelar o Altíssimo aos gentios e trazer o Filho de Deus a este mundo. Sempre que Israel abandonava o Senhor para seguir a ídolos o plano maravilhoso da salvação era colocado em risco.

Deus escolheu uma nação e, dentre esse povo, ele escolheu uma tribo — a tribo de Judá. Em seu leito de morte, Jacó predisse que o Redentor prometido surgiria da tribo de Judá (Gn 49.10). Séculos mais tarde, Deus disse a Davi que o Salvador seria seu descendente (2Sm 7). O profeta Miqueias anunciou que o Redentor nasceria em Belém, a cidade de Davi (5.2), e Isaías profetizou que o Salvador nasceria de uma virgem (7.14).

De acordo com as Escrituras, Deus formou Adão do pó da terra e, depois, formou Eva de uma parte do corpo de Adão. Seus filhos receberam seus corpos como todo ser humano desde então, por meio da união de um homem e uma mulher. *No entanto, Jesus recebeu seu corpo terreno por meio de uma mulher sem o homem!* Aqueles que negam o nascimento virginal de Cristo também estão negando a inspiração das Escrituras, a divindade de Jesus, sua impecabilidade e sua humanidade. O nascimento virginal de Jesus Cristo foi o marco inicial no ministério do Salvador.

Sempre que o Senhor quer que alguma coisa seja feita neste mundo, ele verbaliza a palavra (Sl 33.9), envia anjos (Hb 1.14) ou arregimenta cristãos que obedecerão a Romanos 12.1,2 e cederão a Deus seu corpo e sua mente e cumprirão os seus comandos. No entanto, para cumprir a maior obra de todas, a salvação de pecadores perdidos, Deus enviou o seu próprio Filho a este mundo para ser um servo. Jesus necessitava de um corpo físico para realizar a vontade de Deus e disse ao seu Pai: "Sacrifício e oferta não quiseste, mas um corpo me preparaste [...] vim para fazer a tua vontade, ó Deus." (Hb 10.5b-7). Jesus tinha de obter um corpo físico por, pelo menos, cinco razões.

Trazer vida eterna a um mundo espiritualmente morto

Jesus precisava de um corpo para que pudesse *trazer vida eterna a um mundo espiritualmente morto*. Quando Jesus veio à terra, "a vida se manifestou; nós a vimos e dela testemunhamos, e proclamamos a vocês a vida eterna, que estava com o Pai e nos foi manifestada" (1Jo 1.2). Zacarias, pai de João Batista, afirmou isso com perfeição quando chamou Jesus de "o sol nascente" que, do alto, nos visitaria (Lc 1.78). O mundo jaz na escuridão mental, moral e espiritual, e Deus enviou "a luz do mundo" (Jo 8.12) para trazer a alvorada de um novo dia. Todos os seres humanos que "estavam mortos em suas transgressões e pecados" (Ef 2.1), vivendo "na terra da sombra da morte" (Is 9.2; veja Lc 1.79), podiam agora ver a luz da vida e experimentar a salvação. O mundo estava controlado pela ilusão, mas Cristo trouxe consigo a realidade, mostrando o que realmente é a vida. Jesus afirmou: "eu vim para que tenham vida, e a tenham plenamente." (Jo 10.10b).

Morrer pelos pecados do mundo

Nosso Senhor precisava de um corpo humano para *morrer na cruz pelos pecados do mundo*. "E vimos e testemunhamos que o Pai enviou seu Filho para ser o Salvador do mundo." (1Jo 4.14). O anjo Gabriel deixou isso bem claro a José. "Ela [Maria] dará à luz um filho, e você deverá dar-lhe o nome de Jesus, porque ele salvará o seu povo dos seus pecados" (Mt 1.21). Na noite em que Cristo nasceu, o anjo anunciou aos pastores: "Não tenham medo. Estou lhes trazendo boas-novas de grande alegria, que são para todo o povo: Hoje, na cidade de Davi, lhes nasceu o Salvador que é Cristo, o Senhor." (Lc 2.10b,11). Durante os muitos séculos da antiga aliança, uma grande quantidade de pássaros e animais foi sacrificada no altar do santuário judaico, porém o sangue derramado daqueles sacrifícios jamais foi capaz de remover o pecado. Jesus entregou a si mesmo como o único e eterno sacrifício e, para sempre, solucionou a questão do pecado. João Batista, apontando para Jesus, afirmou: "Vejam! É o Cordeiro de Deus, que tira o pecado do mundo!" (Jo 1.29b).

Derrotar o diabo e nos dar a vitória

Nosso Senhor precisava de um corpo humano para, *em sua morte, ressurreição e ascensão, derrotar o diabo e nos capacitar a viver vitoriosamente*. "Aquele que pratica o pecado é do diabo, porque o diabo vem pecando desde o princípio. Para isso o Filho de Deus se manifestou: para destruir as obras do diabo." (1Jo 3.8). Em seu nascimento e subsequente ministério, Jesus invadiu o território de Satanás, porque "o mundo todo está sob o poder do Maligno" (1Jo 5.19b).

Em Lucas 11.14-23, encontramos uma clara aplicação. Cristo havia expulsado um demônio e os inimigos do Senhor o acusaram de fazer isso no poder do próprio diabo. Então, Jesus expôs a irracionalidade desse argumento, explicando-lhes que era mais forte que o diabo e, por isso, havia desarmado e derrotado o inimigo. Cristo também afirmou: "Chegou a hora de ser julgado este mundo; agora será expulso o príncipe deste mundo." (Jo 12.31). "E, tendo despojado os poderes e as autoridades, fez deles um espetáculo público, triunfando sobre eles na cruz." (Cl 2.15). Satanás é um mentiroso, mas nós temos a verdade de Deus. Satanás é um assassino, mas compartilhamos a vida do Altíssimo. Satanás controla os demônios, mas somos capacitados pelo Espírito Santo. Satanás é o príncipe das trevas, mas podemos caminhar na luz do Senhor.

Mostrar o amor de Deus

Nosso Senhor necessitava de um corpo humano para *manifestar o amor de Deus por meio de sua vida e ministério*. "Quem não ama não conhece a Deus, porque Deus é amor. Foi assim que Deus manifestou o seu amor entre nós: enviou o seu Filho Unigênito ao mundo, para que pudéssemos viver por meio dele." (1Jo 4.8,9). "Mas Deus demonstra seu amor por nós: Cristo morreu em nosso favor quando ainda éramos pecadores." (Rm 5.8). As pessoas viram o amor do Senhor nos ensinamentos, nas curas, na preocupação e no cuidado com os necessitados, no sofrimento e na morte de Jesus Cristo.

No entanto, não basta apenas que conheçamos o amor de Deus e, por meio do Espírito Santo, o experimentemos. É necessário que cresça nosso amor pelo Criador, por seu povo e pelos perdidos. "Mas o fruto do Espírito é amor" (Gl 5.22a). Ele deseja que o amor dele seja "aperfeiçoado entre nós" (1Jo 4.17a). Nosso amor cristão deve ser aperfeiçoado porque o amor imaturo pode ser egoísta. Paulo escreveu aos cristãos em Filipos: "Esta é a minha oração: que o amor de vocês aumente cada vez mais em conhecimento e em toda a percepção" (Fp 1.9). O amor cristão não é cego! À medida que crescermos no conhecimento da Palavra de Deus, experimentaremos o amadurecimento do nosso amor (1Jo 2.5) por meio do ministério do Espírito Santo (1Jo 4.12,13); e esse amor se aperfeiçoará ainda mais quanto maior for a nossa comunhão e o nosso serviço aos santos (1Jo 4.16-19)!

Tornar-se o nosso Sumo Sacerdote e Advogado

Nosso Senhor necessitava de um corpo humano para *vivenciar o que vivenciamos e se tornar o nosso Sumo Sacerdote e Advogado*. Quando nosso Senhor retornou ao céu, ele levou consigo um corpo glorificado que havia experimentado o parto, o crescimento, a fadiga, a fome e a sede, bem como a dor e a morte. "Pois não temos um sumo sacerdote que não possa compadecer-se das nossas fraquezas, mas sim alguém que, como nós, passou por todo tipo de tentação, porém, sem pecado." (Hb 4.15).

"Meus filhinhos, escrevo-lhes estas coisas para que vocês não pequem. Se, porém, alguém pecar, temos um intercessor junto ao Pai, Jesus Cristo, o Justo." (1Jo 2.1). A palavra "intercessor" é a mesma para "Conselheiro" (Jo 14.16,26; 15.26; 16.7), referindo-se ao Espírito Santo. Isso significa "alguém chamado para estar ao seu lado e auxiliá-lo" e, nos tribunais gregos, era uma referência a um advogado. Cada filho de Deus possui o Espírito Santo em seu interior como um auxiliador e o Filho de Deus no céu como um advogado. No entanto, não imagine que, ao pecarmos, o Pai levanta a mão para nos punir, então o Filho intercede a nosso favor, mudando a mente do Pai. O Pai, o Filho e o Espírito Santo trabalham sempre juntos em prol de nosso bem e para a glória da Trindade.

Pelo fato de termos um Advogado no céu, podemos nos achegar ao trono da graça de Deus, confessar os nossos pecados e receber o perdão (1Jo 1.8-10). Nosso Sumo Sacerdote e Advogado celestial sabe o que sentimos quando somos falsamente acusados, ridicularizados, enganados, desapontados, quando estamos em dor, sofrendo pela morte de um ente querido, ou ao enfrentarmos tentações ou qualquer uma das inúmeras aflições e provações que a vida nos reserva, *mas ele pode nos trazer vitória!* Se falharmos, ele pode nos perdoar e nos conceder um recomeço. O Senhor não está apenas *conosco*, mas também é *por* nós. "Se Deus é por nós, quem será contra nós?" (Rm 8.31b).

***

Jesus necessitava de um corpo para que pudesse cumprir a vontade do Pai e Deus requer de cada um que crê a entrega do seu corpo a ele porque o Pai deseja operar em nós e por meio de nós (Rm 12.1,2). Se nos sentimos fracos, nosso Sumo Sacerdote pode nos conceder graça; se falhamos, ele pode nos perdoar e nos permitir um novo começo. O pregador escocês Alexander Whyte costumava dizer que a vida cristã vitoriosa é constituída por uma série de recomeços e, de fato, assim é. E cada novo começo nos fortalece, trazendo novas oportunidades de crescer e servir.

Em sua encarnação, Jesus deixou de lado o uso independente de seus atributos divinos entregando-se totalmente à vontade do Pai e à obra do Espírito Santo. O apóstolo Paulo resume este memorável evento, em Filipenses 2.5-8:

> Seja a atitude de vocês a mesma de Cristo Jesus, que, embora sendo Deus, não considerou que o ser igual a Deus era algo a que devia apegar-se; mas esvaziou-se a si mesmo, vindo a ser servo, tornando-se semelhante aos homens. E, sendo encontrado em forma humana, humilhou-se a si mesmo e foi obediente até à morte, e morte de cruz!

Paulo não deixa dúvidas de que o que Jesus fez foi um genuíno ato de graça. "Pois vocês conhecem a graça de nosso Senhor Jesus Cristo que, sendo rico, se fez pobre por amor de vocês, para que por meio de sua pobreza vocês se tornassem ricos." (2Co 8.9). Jesus veio a este mundo como um ser humano e não como um anjo. Seu corpo terreno era permanente e, hoje, está glorificado no céu, ainda carregando as marcas de sua cruel crucificação. Ele veio como um bebê e não como um adulto, crescendo "em sabedoria, estatura e graça diante de Deus e dos homens" (Lc 2.52b). Ele veio como judeu, e não como gentio, pois "a salvação vem dos judeus" (Jo 4.22b). Veio em humildade e tornou-se um servo, ministrando a homens, mulheres e crianças, realizando entre eles curas milagrosas, alimentando os famintos, ressuscitando os mortos, ensinando aos seus seguidores, perdoando pecados e, por fim, morrendo em uma cruz romana pelo mundo perdido.

Em Filipenses, Paulo faz uma aplicação pessoal da passagem mencionada acima: "ponham em ação a salvação de vocês com temor e tremor" (Fp 2.12b). Devemos ser servos do Senhor e deixar de lado tudo o que pode nos impedir de desenvolver um ministério efetivo. Mais adiante, nesse mesmo capítulo, Paulo cita Timóteo e Epafrodito como bons exemplos de servos humildes de Deus e de seu povo. Deus busca servos e não celebridades ou "controladores compulsivos". Ele age por meio da encarnação, não por uma imitação do mundo, "pois é Deus quem efetua em vocês tanto o querer quanto o realizar, de acordo com a boa vontade dele" (Fp 2.13).

Ao longo de muitos anos de ministério itinerante, conheci muitos cristãos humildes que sacrificialmente serviam ao próximo, mas igualmente conheci alguns ditadores que demandavam o serviço dos demais. Jesus é nosso exemplo supremo e ele foi um servo. "Seja a atitude de vocês a mesma de Cristo Jesus" (Fp 2.5). Ele disse a seus discípulos: "Mas eu estou entre vocês como quem serve." (Lc 22.27b). Sigamos o exemplo de Cristo.

***

No nascimento de Jesus, há dois importantes elementos envolvidos que deveriam ser enfatizados hoje, mas parecem ter sido esquecidos. O primeiro é a *alegria de saber que um Salvador nos foi concedido*. Durante as semanas que antecedem o Natal, vemos e experimentamos a excitação e o júbilo por uma razão ou outra: reuniões em família, férias escolares, dar e receber presentes, comidas especiais, música tradicional. E tudo isso podemos celebrar livremente. Entretanto, onde está o júbilo de saber que um Salvador nos nasceu? Onde se encontra aquele desejo ardente em nosso coração de que esta mensagem seja ouvida por todos os habitantes da terra? A primeira palavra dita pelo anjo Gabriel a Maria foi "alegre-se" (Lc 1.28b). Então, Maria expressou o júbilo que havia em seu espírito (Lc 1.47). Quando Maria foi visitar Isabel, que estava grávida de João Batista, o bebê agitou-se em alegria no ventre de sua mãe (Lc 1.44). O anjo disse aos pastores: "Não tenham medo. Estou lhes trazendo boas-novas de grande alegria, que são para todo o povo: Hoje, na cidade de Davi, lhes nasceu o Salvador que é Cristo, o Senhor." (Lc 2.10,11). Se o verdadeiro significado do Natal não encher o nosso interior de alegria, então, algo está profundamente errado.

As atividades características desse período, em geral, consomem tanto tempo, dinheiro e energia que não constitui surpresa o fato de as pessoas se queixarem ao invés de se regozijarem. Certo dia, um amigo me disse: "Eu gostaria que o Natal não ocorresse em uma época do ano em que as lojas estão sempre lotadas." É difícil ouvir todas as canções populares da época e, apesar de todas as faixas e placas com os dizeres "Jesus é a verdadeira razão do Natal", o nosso Senhor é ignorado. Porém, apesar dessa atmosfera competitiva e comercial, nós, como povo de Deus, podemos nos regozijar e *garantir que esse regozijo seja conhecido!* Adotemos uma abordagem positiva a fim de estimularmos outros a compartilhar amor e alegria, e transmitir as boas-novas da salvação.

O segundo elemento que, em geral, parece esquecido é *o dar graças a Deus pela dádiva de um Salvador*. Em minha opinião, a encarnação de nosso Senhor é a maior expressão de doação presente em toda a história humana. "Pois vocês conhecem a graça de nosso Senhor Jesus Cristo que, sendo rico, se fez pobre por amor de vocês, para que por meio de sua pobreza vocês se tornassem ricos." (2Co 8.9). Sim, magos (homens sábios) que tinham prestígio e riqueza visitaram o bebê Jesus, trazendo-lhe preciosos presentes. Porém, meses antes de eles chegarem, pastores humildes tinham corrido até Belém para ver o maravilhoso presente de Deus e propagar a notícia de que o Salvador prometido havia nascido (Lc 2.17). Sigamos o exemplo deles. Devemos pensar não apenas na grandeza e na glória de Deus, mas também na necessidade dos que estão ao nosso redor. "Cada um cuide, não somente dos seus interesses, mas também dos interesses dos outros." (Fp 2.4).

Há alguns anos, preguei um sermão que intitulei de "O magnetismo da manjedoura". O bebê na manjedoura fez com que anjos descessem do céu para louvá-lo. Igualmente, atraiu pastores que trabalhavam no campo para adorá-lo e magos de terras distantes que lhe trouxeram presentes e levaram as boas-novas aos gentios. Em nossos dias, Jesus leva inúmeras famílias e amigos a se reunirem para adoração e comunhão. Porém, Jesus não é mais um bebê deitado na manjedoura, mas o exaltado Filho de Deus, gloriosamente entronizado com o Pai no céu. Por isso, ele merece os nossos melhores presentes, nosso fiel serviço e nossa mais devotada adoração e proclamação. Devemos nos juntar a Maria em seu testemunho: "pois o Poderoso fez grandes coisas em meu favor; santo é o seu nome." (Lc 1.49).

Talvez o mais familiar e estimado versículo bíblico, fora dos quatro Evangelhos, seja o de Isaías 9.6: "Porque um menino nos nasceu, um filho nos foi dado, e o governo está sobre os seus ombros. E ele será chamado Maravilhoso Conselheiro, Deus Poderoso, Pai Eterno, Príncipe da Paz." Tal profecia será totalmente cumprida quando Jesus retornar e estabelecer o reinado dele. No entanto, podemos desfrutar das bênçãos desses nomes hoje ao aceitarmos Jesus Cristo como o Senhor de nossa vida.

Maravilhoso — Nome que diz respeito ao *fastio da vida*. Em nossos dias, há inúmeras pessoas aborrecidas com a vida mesmo celebrando o nascimento do Salvador. Conselheiros terapeutas afirmam que, nessa época, muitas pessoas se sentem tão vazias e inúteis que tentam o suicídio, algumas com êxito. Como cristãos, sabemos que nosso Deus é um Deus que opera milagres (Sl 77.14) e que ele abre os nossos olhos para enxergarmos as maravilhas que estão ao nosso redor todos os dias.

Algumas pessoas tentam solucionar o problema da apatia investindo tempo e dinheiro em novidades, mudanças geográficas ou simples entretenimento. Porém, tais "remédios" resultam apenas no agravamento da enfermidade. Somente Jesus é capaz de transformar a vida em algo admirável! Ele foi maravilhoso em seu nascimento, em sua vida, morte e ressurreição. Igualmente é maravilhoso em seu ensinamento, exemplo, amor e poder que pode conceder à nossa vida cotidiana. Como alguém pode pertencer a Jesus e, ao mesmo tempo, sentir-se aborrecido com sua vida ainda é um completo mistério para mim. A caminhada com Jesus é uma experiência repleta de prodígios.

Conselheiro — Este nome envolve *as decisões da vida*. "Tu me diriges com o teu conselho, e depois me receberás com honras." (Sl 73.24). Durante o meu período devocional diário, quando oro por minha família, peço ao Pai auxílio para que todos tomem decisões sábias, seguindo a instrução de Tiago 1.5: "Se algum de vocês tem falta de sabedoria, peça-a a Deus, que a todos dá livremente, de boa vontade; e lhe será concedida."

Tenho aconselhado muitos cristãos em apuros por decisões precipitadas antes de ouvir ao Senhor, por protelar a obediência ou não buscar a vontade de Deus em tudo. Como minha esposa e eu somos gratos ao Senhor por sua mão guiadora e seu amoroso coração! Podemos obter orientação pela leitura e meditação das Escrituras, por meio da oração, do aconselhamento com irmãos mais experientes e maduros, concedendo tempo a Deus para compartilhar seus divinos planos conosco. A tradução do texto grego, em João 7.17, é: "Se alguém decidir fazer a vontade de Deus, descobrirá se o meu ensino vem de Deus ou se falo por mim mesmo." A vontade do Senhor não é uma questão de opção ou opinião, mas sim de obrigação. Se não estou disposto a obedecer, Deus não é obrigado a me guiar. "Mas logo se esqueceram do que ele tinha feito e não esperaram para saber o seu plano." (Sl 106.13).

Deus Poderoso — Esse atributo lida com *as demandas da vida*. Maria afirmou com propriedade: "pois o Poderoso fez grandes coisas em meu favor; santo é o seu nome." (Lc 1.49). Jesus disse que "para Deus todas as coisas são possíveis" (Mt 19.26b). Como podemos afirmar que cremos na Bíblia e, não obstante, questionar a capacidade de nosso Senhor em realizar grandes obras? A única coisa que limita Deus é a nossa própria descrença. "E não pôde fazer ali nenhum milagre [...] E ficou admirado com a incredulidade deles" (Mc 6.5,6). Quando temos a convicção interior do Espírito Santo e a confiança nas promessas de Deus (Rm 8.26-28), podemos orar com liberalidade e aguardar a ação do Senhor. A salvação não é algo que o Altíssimo inicia e nós terminamos conforme nossas próprias forças "pois é Deus quem efetua em vocês tanto o querer quanto o realizar, de acordo com a boa vontade dele" (Fp 2.13). Pela fé recebemos o poder do Espírito Santo (At 1.8), e ele nos ilumina quanto ao que devemos fazer, nos dá a capacidade de fazê-lo, bem como nos capacita a terminar a sua obra para a glória de Deus.

Pai Eterno — Como pode o Deus Filho também ser o Deus Pai? Claro que o texto não deve ser interpretado dessa maneira. O povo judeu usava a palavra "pai" para significar "origem de" ou "criador". Jesus chamou Satanás de "pai da mentira" (Jo 8.44b), significando que a mentira se originou nele. Parafraseando esse título, podemos afirmar que "por meio de Deus o Filho eterno deu origem a todas as coisas". Quando Jesus Cristo foi miraculosamente concebido no ventre de Maria, o tempo e a eternidade se encontraram. Esse encontro entre tempo e eternidade também ocorreu quando Cristo sofreu e morreu na cruz, pois o grande projeto de redenção do Filho foi "conhecido antes da criação do mundo" (1Pe 1.20a).

Quando pecadores se arrependem e confiam no Salvador, o tempo e a eternidade se encontram quando eles recebem o dom da vida eterna (Jo 3.16). No Evangelho de João, capítulo 7, os irmãos de Jesus o ridicularizaram por ele decidir não ir à festa das cabanas em Jerusalém, onde poderia atrair de volta a multidão que o havia abandonado (Jo 6.66). Cristo respondeu aos seus irmãos: "Para mim ainda não chegou o tempo certo; para vocês qualquer tempo é certo." (Jo 7.6b). No capítulo inicial deste livro, aprendemos que, em seu ministério terreno, Jesus viveu sob uma agenda divinamente estabelecida desde a eternidade. *Mas, seus irmãos descrentes nada tinham de eterno em suas vidas, assim como os pecadores não convertidos hoje.* Deus colocou em cada coração uma fome pela eternidade (Ec 3.11), porém um pecador perdido não recebe a vida eterna até que ele confie em Jesus como seu Salvador. Então, sua vida entra em uma nova dimensão, pois ele passa a desfrutar dos recursos celestiais (Jo 3.27), a acumular tesouros no céu (Mt 6.19-21) e a antecipar as recompensas que alcançará no Reino vindouro. Quando participava da Missão Mocidade para Cristo, costumava cantar um corinho que expressa bem essa verdade:

>Com valores da eternidade em vista, Senhor,
>Com valores da eternidade em vista;
>A cada dia deixa-me trabalhar para Jesus,
>Com valores da eternidade em vista.

Enquanto buscamos conhecer e fazer a vontade de Deus, podemos dizer à multidão de incrédulos o mesmo que Jesus: "para vocês qualquer tempo é certo". Nossos dias estão nas mãos de Deus (Sl 31.15). Vivemos em uma empolgante dimensão celestial, a dimensão da eternidade!

Príncipe da Paz — Refere-se *às perturbações da vida*. Jesus disse a seus discípulos: "a minha *paz* lhes dou. Não a dou como o mundo a dá. Não se perturbem os seus corações, nem tenham medo." (Jo 14.27b, grifo do autor).

Os discípulos viveram com Jesus por quase três anos e tiveram muitas oportunidades de observá-lo. Eles jamais o viram preocupado, contrariado, temeroso ou perplexo. Durante uma forte tempestade no mar da Galileia, Cristo foi encontrado adormecido no barco em que estava com os discípulos. Quando uma multidão enfurecida ameaçou atacá-lo, Jesus simplesmente continuou andando no meio do povo e seguiu o seu caminho. Quando os guardas do templo entraram no Getsêmani para prendê-lo, Cristo se antecipou e voluntariamente se entregou a fim de proteger os discípulos. Jesus personificou Isaías 26.3: "Tu guardarás em perfeita paz aquele cujo propósito está firme, porque em ti confia." O caráter divino e a paz de Deus caminham de mãos dadas. "O fruto da justiça será paz; o resultado da justiça será tranquilidade e confiança para sempre." (Is 32.17).

Na passagem de Filipenses 4.6-9, Paulo nos dá a fórmula perfeita para termos paz interior: oração certa (vv. 6-7), pensamento correto (v. 8) e viver correto (v. 9). O mundo oferece uma falsa paz por meio do entretenimento e outros subterfúgios — assistir à televisão, fazer um cruzeiro, ir a baladas ou festas, tomar uma pílula para dormir — mas o Senhor preenche o nosso coração com a paz que nos capacita a desfrutar de bonança em meio ao caos. Quando me sinto frustrado ou intranquilo, pego a minha Bíblia e permito que o Senhor me acalme. "Eu lhes disse essas coisas para que em mim vocês tenham paz. Neste mundo vocês terão aflições; contudo, tenham ânimo! Eu venci o mundo" (Jo 16.33). "Eu ouvirei o que Deus, o Senhor, disse: Ele promete paz ao seu povo, aos seus fiéis!" (Sl 85.8).

No entanto, tenha em mente que Deus nos concede paz, não para que cruzemos nossos braços e nos tornemos meros espectadores, mas para seguirmos em frente, realizando a obra que Deus deseja que realizemos. A paz de Deus nos capacita a cumprir a vontade do Pai para a glória dele. É possível que o Senhor não intervenha nas tempestades que nos cercam, mas ele pode acalmar nossas tempestades interiores e, tal como fez com Pedro, nos capacitar a andar sobre as águas. "O Senhor te abençoe e te guarde; o

Senhor faça resplandecer o seu rosto sobre ti e te conceda graça; o Senhor volte para ti o seu rosto e te dê paz" (Nm 6.24-26).

(O espelho do evento: uma pausa para reflexão)

Você já se deu conta de que o seu nascimento é importante no plano de Deus? Davi deixou bem claro em Salmo 139.13-18 que fomos moldados pelo Criador porque ele tem planejado um lugar específico para ocuparmos e uma obra importante para realizarmos. Talvez jamais tenhamos a nossa foto estampada na capa das mais prestigiosas revistas do mundo ou sejamos entrevistados na televisão, mas cada cristão é importante aos olhos do Senhor. Você já aceitou esse fato e está orando para que Deus o ajude a obedecer-lhe?

Já sentiu pena de si mesmo por não ser como outras pessoas que admira? Se a sua resposta for afirmativa, confesse esse pecado e comece a agradecer a Deus pelas muitas bênçãos que ele tem lhe concedido. Estabeleça agora que Deus o colocou onde você está e o deseja ali. Então, se você confiar e obedecer, ele operará em todas as coisas juntamente para o seu bem (Rm 8.28). Você é tão importante que Jesus morreu por você!

Moisés argumentou com Deus, afirmando que não estava equipado para liderar a nação de Israel, mas o Senhor lhe perguntou: "Que é isso em sua mão?" (Êx 4.2b). Era uma simples vara, mas Deus usou aquela vara de inúmeras e notáveis maneiras nos quarenta anos seguintes. O que você tem em sua mão? Entregue tudo o que você é e possui a Deus, e veja o que ele pode fazer!

Evento 2

O menino Jesus no templo
Lucas 2.39-52

O médico Lucas nos relata a miraculosa concepção e o nascimento de Jesus Cristo bem como a sua apresentação no templo em Jerusalém. José e Maria retornaram à cidade de Nazaré com Jesus e "o menino crescia e se fortalecia, enchendo-se de sabedoria; e a graça de Deus estava sobre ele." (Lc 2.40). Doze anos se passaram entre os versículos 40 e 41 e nada nos é revelado sobre a infância do Senhor na Galileia. Então, Lucas registra esse fascinante relato sobre Maria, José e Jesus indo a Jerusalém para celebrar a Páscoa. Conforme Deuteronômio 16.16, os homens judeus eram chamados a ir a Jerusalém três vezes ao ano para celebrar a mais importante das sete festas anuais. Um menino judeu tornava-se um "filho da aliança" durante seu *bar mitzvah*, ao completar treze anos, porém alguns pais levavam seus filhos à Páscoa em Jerusalém quando eles tinham doze anos. Isso lhes dava uma experiência antecipada dessa histórica festa anual, preparando-os melhor para o *bar mitzvah* que se aproximava. Aos doze anos, eles já deveriam estar familiarizados com a lei e, aos treze, deveriam começar a observá-la.

Por ocasião da Páscoa, as famílias e seus vizinhos costumavam viajar juntos à cidade de Jerusalém, com as mulheres e crianças à frente, determinando o passo, acompanhados pelos homens mais atrás, carregando as bagagens e mantendo a vigilância sobre o grupo. Os peregrinos costumavam entoar o chamado "Cântico dos Degraus" (Sl 120–134) durante essa festiva jornada rumo à cidade santa. Aquela viagem a Jerusalém deve ter sido empolgante para o jovem Jesus, que estava prestes a entrar na adolescência. Na infância, a ênfase está na *investigação*, por meio de intermináveis perguntas e análise visual e táctil dos objetos, aprendendo o que eles significam; porém, na adolescência, a ênfase está na *integração*, buscando reunir as informações a fim de descobrir quem somos e a que pertencemos.

Deixar o lar e colocar o pé na estrada exporia Jesus a novas experiências que, decerto, contribuiriam ricamente para seu amadurecimento. Lucas nos relata que "Jesus ia crescendo em sabedoria, estatura e graça diante de Deus e dos homens." (Lc 2.52). A vida e a personalidade dele eram equilibradas, e os dezoito *anos ocultos* em Nazaré auxiliaram na sua preparação, visando aos três atarefados anos de ministério que culminariam com sua morte, ressurreição e ascensão.

Inúmeras verdades espirituais e práticas são encontradas na segunda visita do Senhor ao templo.

Mudança

Na jornada a Jerusalém, Jesus estava enfrentando *o desafio da mudança*. Após viver naquele ambiente seguro e protegido de Nazaré, Cristo estava pisando no mundo externo e confrontando coisas que conhecia de ouvir falar, porém jamais havia vivenciado.

O modo como lidamos com a mudança e a liberdade nos auxilia a determinar o nosso caráter e a nossa conduta. Como alguém apropriadamente disse, nesta vida o envelhecimento é *certo*, mas o amadurecimento é *uma escolha pessoal*. Algumas pessoas fazem escolhas equivocadas e jamais encontram a maturidade e a liberdade verdadeiras, tornando-se tiranas ou teleguiadas. Os cristãos são chamados a ser como crianças, mas não infantis. Conheci certo homem que, em sua infância, deliberadamente repetiu o terceiro ano porque no quarto ano teria de escrever com tinta. Ele não é diferente de pessoas que simulam enfermidades ou incapacidades a fim de escapar de certas responsabilidades adultas. Claro que tais pessoas estão roubando a si mesmas.

Com suas férteis e verdejantes colinas, generosamente irrigadas por rios e nascentes abundantes, a Galileia era conhecida como *a região mais aprazível de Israel*. Nos dias de Jesus, havia mais de duzentos vilarejos e cidades naquela região, e Nazaré nem de longe poderia ser considerada uma *cidade de caipiras*. O território era cercado por população gentia, morando em cidades como Samaria, Fenícia e Decápolis, sendo, por vezes, zombeteiramente chamada de *Galileia dos gentios* (Is 9.1,2; Mt 4.15). Pelo menos cinco dos discípulos de Jesus vieram da Galileia: os quatro pescadores — Pedro, André, Tiago e João — além de Natanael (Jo 21.2). Os galileus tinham um forte sotaque, característica ridicularizada por alguns judeus (Mc 14.70), e a cidade de Nazaré, onde Jesus cresceu, era especialmente desprezada. "Nazaré? Pode vir alguma coisa boa de lá?" (Jo 1.46b).

Grupos de galileus chegando à Judeia constituíam um convite ao escárnio, pois naquela área a religião judaica era rigorosamente observada, enquanto que na Galileia (devido à influência dos gentios) a lei ocasionalmente recebia uma interpretação mais liberal. Além disso, obviamente, a Judeia tinha algum direito ao orgulho, pois Judá era a tribo real da qual surgiria o Messias prometido (Gn 49.10), bem como podia se gabar de possuir a cidade de Jerusalém e o templo do Senhor.

Lembro-me bem da primeira vez que estive em Chicago, localizada a menos de uma hora de carro da minha casa, em Indiana. Era época do Natal, e um de meus vizinhos estava levando seu filho para ir à "cidade grande" — como chamávamos Chicago — e me convidou para acompanhá-los. Fiquei emudecido de espanto quando vi aqueles enormes arranha-céus, o trânsito congestionado, as lojas com suas multidões de compradores, as gigantescas placas comerciais exibindo ofertas tentadoras, bem como a maravilhosa decoração natalina. Anos depois, sempre que o meu ministério me levava a Nova York, Londres, Cidade do México, Toronto e inúmeras outras megalópoles, o *menino* em meu interior dava sinais de vida, fosse Natal ou não. Eu me casei com uma garota do campo, nascida em uma pequena cidade, mas sempre serei um garoto da cidade.

Jesus deve ter ficado profundamente impressionado com os lugares, os sons e atividades daquela grande cidade, sobretudo no templo; pois quando os peregrinos galileus iniciaram a jornada de volta às suas cidades, Jesus ficou para trás, no templo. O prédio e as atividades ali realizadas em nada lembravam a sinagoga de Nazaré. Ainda assim, ele sentiu-se em casa, pois ali era a casa de seu Pai. Cristo estava abrindo a sua mente e seu coração para um mundo totalmente novo. Há cristãos que se sentem tão acomodados em seus pequenos reinados que não experimentam o crescimento resultante dos desafios que advêm com as mudanças.

Liberdade

Neste evento, vemos uma *ênfase na liberdade*. Jesus não desobedeceu a seus pais, Maria e José, quando decidiu ficar para trás no templo. Sabiamente, eles permitiram que Jesus viajasse com seus amigos em outros grupos e, simplesmente, presumiram que o filho estivesse com eles. Jesus não pode ser considerado um rebelde de doze anos, mas um peregrino de doze anos, movendo-se lentamente rumo à liberdade. Ele necessitava daquela liberdade porque era o servo do Senhor que morreria pelos pecados do mundo. Cristo vivia segundo a agenda de Deus. Esse dia chegaria dezoito anos mais tarde, quando Jesus deixou Nazaré e viajou até o rio Jordão para ser batizado por João. A seguir, ele convocaria o grupo de doze apóstolos que compartilhariam de seu ministério itinerante de pregação e cura.

Entretanto, aos doze anos, Jesus estava sob a autoridade de José e Maria e, como todos os adolescentes em processo de amadurecimento, movia-se gradualmente em direção à liberdade, sendo, por vezes, incompreendido. Apesar de ser Deus encarnado, Jesus ainda tinha de aprender, crescer e desenvolver as suas habilidades assim como nós hoje. Hebreus 5.8 nos relata que "embora sendo Filho, ele aprendeu a obedecer por meio daquilo que sofreu". Cristo passou pelos mesmos estágios de desenvolvimento que todo ser humano deve experimentar a fim de atingir a maturidade. Por essa razão, Jesus entende perfeitamente o que vivenciamos em nossa rotina diária, e pode nos conceder graça para superarmos todo tipo de obstáculo (Hb 4.14-16).

Ao longo dos anos, tenho aconselhado inúmeros adolescentes que se sentem frustrados. Então, pergunto-lhes: "Você diz que quer liberdade. O que é liberdade para você?". Em geral, ouço como resposta: "Liberdade é o direito de fazer o que eu quiser, sem a interferência de ninguém." No entanto, isso não é liberdade, mas o pior tipo de escravidão! *Liberdade é a vida controlada pela verdade e motivada pelo amor*. Jesus disse: "E conhecerão a verdade, e a verdade os libertará [...] Portanto, se o Filho os libertar, vocês de fato serão livres." (Jo 8.32-36). Se em meu coração houver decepção ou ódio, nada mais serei do que um escravo do pecado. Contudo, se estou caminhando em amor e na verdade, desfrutarei a liberdade em Cristo. A verdade e o amor devem andar juntos, pois a verdade sem o amor é brutalidade e o amor sem a verdade é hipocrisia (Ef 4.15).

Quando as crianças chegam ao início da adolescência, os pais precisam começar a *afrouxar as rédeas*, dando-lhes um pouco mais de liberdade conforme se mostrarem prontos. Em determinado período em meu lar, todos os meus quatro filhos estavam atravessando diferentes fases da adolescência! No entanto, minha esposa e eu podemos afirmar, com sinceridade, que, à medida que gradualmente concedíamos mais liberdade, eles se tornavam cooperativos e confiáveis. (Pode ter a certeza de que oramos muito também!) Nossos dois filhos e duas filhas haviam sido confiados ao Senhor antes mesmo de nascerem, e o Senhor foi fiel na direção e na proteção deles. Eles sabiam que a liberdade não era ocasião para ignorarem valores e virtudes, mas uma oportunidade de se tornarem a pessoa que Deus desejava que eles fossem e de agirem conforme a vontade do Senhor.

Tradição

Equilibrar o foco na liberdade é *a emoção da tradição*, pois a verdadeira liberdade é uma dinâmica inter-relação entre o velho e o novo. Não podemos viver no passado, *mas não devemos evitar que o passado viva em nós*. Como seria a vida nos Estados Unidos se todos os seus habitantes se esquecessem do passado? Teríamos de chamar essa nação de Estados Unidos da Amnésia! Imagine começar cada manhã reaprendendo nossos nomes, o alfabeto, números, palavras e como dirigir um carro ou usar um micro-ondas. No entanto, alguns membros da geração mais jovem insistem em que se destruam as tradições bíblicas e históricas da igreja.

José e Maria acreditavam na obediência ao Senhor e na honra ao passado. Eles levaram o menino Jesus, com doze anos de idade, à antiga cidade de Jerusalém para que ele testemunhasse um evento tradicional que pertencia exclusivamente à antiga nação judaica. Participando da festa da Páscoa, na cidade de Jerusalém, o jovem Jesus seria exposto tanto à história quanto à teologia de que havia ouvido falar em seu lar e na sinagoga de sua cidade. É lamentável o fato de alguns jovens de nossa geração terem rejeitado tradições valiosas — que, decerto, enriqueceriam as suas próprias vidas —, aceitando as distrações baratas que não satisfazem a fome espiritual deles. Suspeito que mais de um adolescente cristão deixa de frequentar os cultos da igreja contemporânea dizendo: "Deve haver algo melhor que isso".

Jesus investiu seu tempo com os líderes espirituais no templo, fazendo perguntas e respondendo a questionamentos, maravilhando-os com suas palavras. Nesse episódio, vemos o jovem e o ancião interagindo um com o outro e aprendendo mutuamente. Em sua vida e ensino, Jesus jamais rejeitou a tradição, mas edificou sobre ela. "Não pensem que vim abolir a Lei ou os Profetas; não vim abolir, mas cumprir" (Mt 5.17), afirmou ele. O falecido Dr. Jaroslav Pelikan, certa feita, afirmou: "A tradição é a fé viva daqueles que já se foram; o tradicionalismo é a fé morta dos que ainda vivem." Leia essa frase novamente e lembre-se dela. Devemos permitir que o Espírito Santo, repetidamente, sopre vida em nossas atividades espirituais. Sem isso, nossas igrejas se tornarão cadáveres de aparência bela ao invés de corpos vivos e ativos. Então, ouviremos dos lábios do Senhor: "Conheço as suas obras; você tem fama de estar vivo, mas está morto." (Ap 3.1b).

Um desencorajado pastor exclamou: "Há um cemitério ao lado de nosso santuário e estou descobrindo que ele se estende direto para a igreja." Uma causa do *enfraquecimento* de igrejas é a indisposição à comunicação mútua entre adultos e jovens. Ao contrário de Jesus no templo, talvez os jovens não estejam fazendo as perguntas certas, ou, quem sabe, os adultos não estejam dispostos a ouvir em amor e dar as respostas certas. O filósofo George Santayana escreveu: "Aqueles que não se lembram do passado estão condenados a repeti-lo." Talvez eu deva acrescentar que algumas pessoas mais velhas que *pensam* estar relembrando o passado podem estar confusas, pois *os bons velhos tempos* (como já disse antes) são, em geral, o produto de uma memória ruim associada a uma boa imaginação.

Jesus estava no templo porque ali era a casa de seu Pai e ali devia estar. "Ele perguntou: 'Por que vocês estavam me procurando? Não sabiam que eu devia estar na casa de meu Pai?'" (Lc 2.49). Note que ele usou o termo "devia". Anos mais tarde, quando já estava em seu ministério público, Jesus afirmou: "É necessário que eu pregue as boas-novas do Reino de Deus" (Lc 4.43a) e "é necessário que o Filho do homem sofra" (Lc 9.22a). Ainda disse, "da mesma forma como Moisés levantou a serpente no deserto, assim também é necessário que o Filho do homem seja levantado" (Jo 3.14). *Se desejamos o privilégio da liberdade, devemos aceitar a responsabilidade da obediência.* Quando nossos filhos adolescentes terminaram as aulas de direção, puderam fazer o teste para obter a carteira de habilitação e, por fim, desfrutaram do privilégio de dirigir nas ruas e estradas. Na vida cristã, respeito e responsabilidade caminham de mãos dadas. Jesus mostrou respeito pelos mais velhos e, por sua vez, estes o respeitaram, apesar de não saberem quem ele era.

A tradição é o que ajuda a sociedade a se manter unida, quer sejam nações, estados, cidades, partidos políticos, escolas, igrejas ou equipes de futebol e seus fãs. Constitui o elo dourado entre as gerações que auxilia os mais velhos a preparar os mais jovens para que estes, em breve, possam assumir as responsabilidades da fase adulta, como Paulo escreveu a Timóteo: "E as coisas que me ouviu dizer na presença de muitas testemunhas, confie a homens fiéis que sejam também capazes de ensinar a outros." (2Tm 2.2).

Cada igreja está a uma geração da extinção. A palavra "tradição" origina-se do latim e significa "ceder", "legar". Eu costumava recomendar aos meus estudantes de ministério que planejassem um "Domingo da Herança" para as congregações deles a cada outono, de modo que pudessem rever o histórico daquela igreja, os nomes das pessoas-chave e o que o Senhor havia feito ao longo dos anos. As gerações anteriores trabalharam arduamente e fizeram grandes sacrifícios para edificar e manter as instalações e os ministérios que as gerações posteriores estão sempre prontas a criticar. Quando os líderes da igreja mantêm suas mãos no controle de tudo e falham em transmitir as responsabilidades ministeriais e os privilégios à geração mais jovem, em geral a igreja sofre um processo de estagnação, de entoperimento e, por fim, de mudez.

Independentemente de nossa idade, nossos dons espirituais ou nosso ministério, devemos sempre cuidar das coisas do Pai, mesmo que isso signifique renunciar a outras ocupações (Mt 19.29). Como marido de Maria, José era o pai legal de nosso Senhor; mas com a idade de doze anos, Jesus anunciou que sua obediência era, em primeiro lugar, para com seu Pai celestial. No casamento em Caná, Jesus expressou claramente que sua mãe não estava à frente de seu ministério (Jo 2.1-12) e, em Marcos 3.31-35, deixou claro que sua mãe e seus irmãos não tinham uma autoridade especial sobre ele. (José, provavelmente, já havia morrido àquela época.) Quando Cristo agonizava na cruz, ordenou a João que cuidasse de sua mãe e disse a Maria que fosse morar com seu amado discípulo (Jo 19.25-27), e eles lhe obedeceram. Gosto das palavras de Maria aos servos no casamento em Caná: "Façam tudo o que ele lhes mandar" (Jo 2.5b). Eis um bom conselho para todo cristão hoje.

Submissão

Encerraremos nosso estudo considerando a *satisfação da submissão*. José, Maria e Jesus retornaram a Nazaré e o Senhor viveu lá pelos dezoito anos seguintes até iniciar o seu ministério público. Lucas nos informa que Jesus "era-lhes obediente" (Lc 2.51a), o que mais provavelmente inclui não apenas a sua obediência como filho, mas também o aprendizado do ofício de José, a carpintaria. As pessoas identificavam Jesus como "filho do carpinteiro" (Mt 13.55) e "o carpinteiro" (Mc 6.3). É provável que José tenha morrido quando Cristo ainda morava com os pais terrenos e já estava preparado para assumir o negócio de seu pai. Jesus seria chamado de *rabbi* (professor) e, em geral, os rabis tinham cada qual o seu próprio ofício, pois não aceitavam dinheiro de seus alunos, e se sustentavam com o próprio trabalho.

Uma vez mais, vemos Cristo como um filho obediente e maduro. "Jesus ia crescendo em sabedoria, estatura e graça diante de Deus e dos homens." (Lc 2.52). Seu crescimento foi equilibrado intelectual, física, social e espiritualmente (v. 52 e veja Lc 2.40). Ao lermos os ensinamentos do Senhor nos quatro Evangelhos, é possível perceber o quanto Jesus deve ter aprendido observando as atividades do dia a dia. Sim, ele foi ensinado pelo Pai (Is 50.4-6), mas Deus usa muitas e distintas ferramentas para nos ensinar.

Será que ele perguntou sobre as sementes e os solos quando os fazendeiros levavam seus arados para serem reparados ou afiados? Terá auxiliado a sua mãe a achar uma moeda perdida em seu lar? Porventura, um garoto rebelde das vizinhanças deixou a casa de seu pai, gastou tudo o que levou e, então, retornou a sua casa, foi bem recebido e perdoado pelo pai? Conheceu algum coletor de impostos pessoalmente? Quando, na sinagoga ou classe de crianças, ao ouvir as leituras das Escrituras, será que Jesus refletia no significado daquelas passagens? E quanto ao cordeiro da Páscoa, a serpente levantada no deserto (Jo 3.14,15), ou Isaque no altar (Gn 22)? Será que alguma vez viu sua mãe colocar fermento na massa de pão?

Quando Cristo terminou sua missão neste mundo, antes de ascender ao céu, ele ordenou aos seus seguidores que transmitissem as boas-novas a todas as nações, batizassem os convertidos e lhes ensinassem as Escrituras. "Foi-me dada toda a autoridade no céu e na terra. Portanto, vão e façam discípulos de todas as nações, batizando-os em nome do Pai e do Filho e do Espírito Santo, ensinando-os a obedecer a tudo o que eu lhes ordenei. E eu estarei sempre com vocês, até o fim dos tempos" (Mt 28.18b-20). Nossa autoridade para representar Jesus advém da autoridade do Filho de Deus e, portanto, jamais mudará ou falhará. Os que aceitam essa autoridade e agem de acordo com ela receberão tudo o de que necessitam para servi-lo, independentemente das circunstâncias.

Jesus conhecia o significado de estar sob uma autoridade, pois apenas os que estão sob autoridade devem exercer autoridade. O centurião romano entendeu a autoridade de nosso Senhor e, por conseguinte, teve grande fé (Lc 7.1-10). Somos submissos ao Senhor e obedientes à vontade dele? Possa o Pai dizer de nós o mesmo que disse sobre Cristo: "Este é o meu Filho amado, em quem me agrado". Falaremos mais sobre este tema no próximo capítulo.

(O espelho do evento: uma pausa para reflexão)

Consegue se lembrar de como era a vida quando você tinha doze anos de idade? Quais eram as pessoas importantes em sua vida quando estava no limiar de sua adolescência? Como elas tratavam você? Estava lutando para ter liberdade? Reclamava em segredo porque ninguém o compreendia?

Quando tinha questionamentos em sua mente, a quem procurava em busca de respostas? Quando argumentava com outras pessoas, elas respeitavam os seus pontos de vista? Se não respeitavam, como lidava com isso?

Procura responder os questionamentos dos adolescentes hoje? Você os respeita?

Se já era cristão no início de sua adolescência, você buscava obter conselho do Senhor por meio da oração e leitura da Bíblia? Havia alguém a orientá-lo?

Evento 3

O batismo de Jesus
Mateus 3.1-17; Marcos 1.1-11; Lucas 3.21-23

"Quanto da vida humana é perdida na espera!" Ralph Waldo Emerson escreveu esta sentença em seu ensaio *Prudence* [Prudência]. Seis anos mais tarde, ele escreveu *The philosophy of waiting is sustained by all oracles of the universe* [A filosofia da espera é sustentada por todos os oráculos do universo]. Eu me pergunto: o que o fez mudar tanto de ideia? Afinal de contas, esperar não é desperdiçar vida, mas investir no caráter pessoal e na realização de esperanças futuras.

Minha família e meus amigos íntimos bem sabem como posso me tornar impaciente quando confrontado com um atraso, seja no trânsito congestionado, em uma fila de aeroporto que parece estar parada no tempo ou na fila do caixa de um supermercado. Sempre que uma situação assim começa a me aborrecer, tenho que lembrar a mim mesmo que escrevi um livro intitulado *God Isn't in a Hurry* [Deus não está com pressa]. Então, confesso meus pecados e peço ao Senhor por graça para esperar pacientemente. Por vezes, o Senhor me faz lembrar de Salmo 32.9, "não sejam como o cavalo ou o burro". Deus não quer que sejamos impulsivos como o cavalo, tampouco obstinados como o burro, mas obedientes como a ovelha que segue a voz de seu pastor. A espera obediente não constitui perda de tempo nem supressão da vida, mas significa aprender, amadurecer e se tornar o que o Criador deseja que sejamos para agirmos conforme a sua vontade.

Após retornar a Nazaré com Maria e José, Jesus esperou dezoito anos antes de iniciar os três anos de seu ministério público que culminou no Calvário. No entanto, aqueles não foram anos desperdiçados, mas de aprendizado e amadurecimento, enquanto Jesus trabalhava na carpintaria, frequentava os serviços da sinagoga, auxiliava a sua mãe, Maria, mantinha íntima comunhão com o Pai e aumentava seu conhecimento e sua visão espiritual. "Ele me acorda manhã após manhã, desperta meu ouvido para escutar como alguém que é ensinado." (Is 50.4b). Porém, quando chegou o tempo de Deus, Jesus despediu-se de Maria, de seus irmãos e amigos e dirigiu-se ao rio Jordão para ser batizado por João, cuja pregação estava agitando a nação e preocupando os líderes religiosos.

Enquanto meditava neste notável evento, vislumbrei três retratos de Jesus: o hóspede humilde, o servo obediente e o filho honrado.

Jesus, o hóspede humilde, deixa o lar

No dia em que nasci, uma tempestade de neve paralisou East Chicago, Indiana. Claro que não causei isso, mas tal evento trouxe problemas para mim. Meu pai não conseguiu levar a minha mãe ao hospital e o médico estava demorando muito a chegar à nossa casa. Pela bondade de Deus, uma das minhas tias estava lá e ela e meu pai me trouxeram a este mundo. Nasci em casa e vivi naquele mesmo endereço por 21 anos. Então, meus pais venderam a propriedade e nos mudamos para uma casa mais nova na vizinha cidade de Hammond, Indiana. Ali, por três anos, tornei-me um morador de fim de semana por estar estudando no seminário, em Chicago. Após a minha graduação, casei-me e fui morar com minha esposa em um apartamento, de volta a East Chicago, apenas a alguns quarteirões do templo da Igreja Batista Central, da qual eu era pastor. Não vou aborrecê-lo com os fatos relativos às subsequentes mudanças de endereço porque desejo ir direto ao ponto, que é simplesmente este: *todos necessitam de um lugar que possam chamar de lar.*

Em seu poema *The Death of the Hired Man* [A morte do empregado], Robert Frost diz: "Lar é um lugar onde, quando você não tem mais para onde ir, eles são obrigados a recebê-lo." Mas, Jesus estava *deixando* o seu lar, não começando uma nova casa, e sua família foi obrigada a deixá-lo ir. Ele afirmou: "As raposas têm suas tocas e as aves do céu têm seus ninhos, mas o Filho do homem não tem onde repousar a cabeça." (Lc 9.58b). Cristo deixou a sua casa celestial e veio à terra para que todo aquele que nele confiar possa, um dia, ter uma morada no céu. Quando deu aquele primeiro passo para sair de Nazaré, iniciou o seu caminho rumo à cruz. "Jesus partiu resolutamente em direção a Jerusalém." (Lc 9.51b).

Os patriarcas hebreus foram peregrinos na terra. Abraão e Sara deixaram Ur dos Caldeus, partindo em direção à terra que Deus lhes prometera. Por sua vez, Isaque e Jacó também tiveram uma vida de peregrinos. Jacó denominou a sua vida de "peregrinação" (Gn 47.9) e morreu "apoiado na extremidade do seu bordão" (Hb 11.21b), como um viajante até o fim. Durante os anos em que o povo de Israel trilhava o seu caminho até a terra prometida, eles mudavam-se de um lugar a outro, no deserto (Nm 33). "Sou peregrino na terra", escreveu o salmista (119.19a). Igualmente, ele via a vida de fé como uma peregrinação (119.54). Já no ocaso de sua vida, Davi adorou ao Senhor e disse: "Diante de ti somos estrangeiros e forasteiros, como os nossos antepassados." (1Cr 29.15a). Os que viveram pela fé, no Antigo Testamento, reconheciam "que eram estrangeiros e peregrinos na terra" (Hb 11.13b).

Certa noite, o United States Department of Housing and Urban Development realizou uma operação e descobriu cerca de setecentos mil moradores de rua no país. Acrescente a esse número a quantidade de sem-teto em outras nações e o resultado é alarmante. Minha esposa e eu já viajamos muito, mas, independentemente de onde desfizemos as nossas malas, *Deus estava lá conosco*, pois ele é "o nosso refúgio, sempre, de geração em geração" (Sl 90.1b). Qualquer que fosse o novo endereço, o mais importante era o fato de o Senhor ser sempre o mesmo! Nosso gracioso Pai celestial estava sempre conosco a despeito de nossos variados endereços e ele jamais falhou conosco.

Os cristãos de hoje devem confessar que a sua cidadania está no céu e este é o destino final deles (Fp 3.20,21). Pedro endereçou sua primeira carta aos "peregrinos dispersos" (1Pe 1.1), cujas vidas ele chamou de "jornada terrena" (1Pe 1.17). Eles eram "estrangeiros e peregrinos" (1Pe 2.11) que precisavam viver na terra como futuros residentes do céu. Por sua vez, o apóstolo Paulo indica que o corpo dos cristãos nada mais é do que uma habitação temporária que será substituída por um novo corpo apropriado para o glorioso lar celestial (2Co 5.1-8).

De fato, Jesus foi um humilde peregrino durante os três anos de seu ministério. Ele sabia na prática o que era ter fome e sede, e sentir-se fatigado (Mc 11.12; Jo 4.6,7). Igualmente sabia como era sofrer e morrer. Embora tenha feito de Nazaré a sua base e, em seguida, Cafarnaum, Cristo permanecia em constante movimento, sem uma cama regular para se deitar ou um travesseiro em que pudesse repousar a sua cabeça. Cada visita ocasional à casa de Maria, Marta e Lázaro, em Betânia, deve ter sido como chegar a um oásis no deserto para seu extenuado corpo. E ele fez tudo isso por nós!

De igual sorte, devemos viver como estrangeiros e peregrinos, em constante movimento em nossa vida cristã, e não sobrecarregados com bagagem extra, que Mark Twain chamou de "necessidades desnecessárias". Devemos buscar trazer outros conosco nesta jornada rumo à cidade celestial. Não importa o que possa acontecer ao nosso redor, sabemos que o Senhor segue adiante de nós, preparando o caminho. O autor da carta aos Hebreus nos exorta a livrarmo-nos "de tudo o que nos atrapalha e do pecado que nos envolve" (Hb 12.1b), e seguir ao Senhor nos caminhos que ele escolher para nós. Como Jesus, devemos ser humildes forasteiros.

Jesus, o servo obediente, é batizado

Por quatro séculos, o povo de Israel não ouviu a palavra de nenhum profeta verdadeiro, e, então, João Batista surgiu no rio Jordão. Grandes multidões afluíram àquele lugar para ouvi-lo. Ele anunciava a chegada do Messias prometido e a necessidade de as pessoas se arrependerem, crerem e serem batizadas. O povo judeu estava bem familiarizado com o batismo, porque eles mesmos exigiam que os prosélitos gentios imergissem nas águas para serem aceitos na fé judaica. *Porém, João estava batizando judeus!* Quando o Messias apareceu em meio à multidão para ser batizado, João protestou, afirmando que ele é quem deveria ser batizado por Jesus; mas este a ninguém batizou (Jo 4.2). Por que, então, Jesus, o imaculado Cordeiro de Deus (Jo 1.29), insistiu para ser batizado por João? Porque esta era a vontade do Altíssimo e expressava o que ocorreria três anos mais tarde, em uma colina conhecida como Calvário.

Devemos começar reconhecendo que, no Novo Testamento, o batismo era realizado por imersão, fato admitido por estudiosos de várias denominações. A palavra grega *baptizo* significa "mergulhar", "imergir". Martinho Lutero escreveu que "o batismo é um símbolo de morte e ressurreição. Por essa razão, os que são batizados devem ser completamente imersos na água".[1]

Em sua obra *Institutas da religião cristã*, João Calvino escreve: "A palavra 'batizar' significa imergir e não há dúvidas de que o ritual da imersão era observado na igreja primitiva."

---

[1] *What Luther says*. Saint Louis: Concordia Publishing House, 1959. p.58.

Em *Wesley's Notes on the Bible* [Notas de Wesley sobre a Bíblia], João Wesley comenta sobre a passagem de Romanos 6.4, "fomos sepultados com ele", afirmando que esta é uma "alusão à antiga maneira de batizar por imersão".[2]

O livro *The Catechism of the Catholic Church* [O catecismo da Igreja Católica] diz: "Sepultados com Cristo [...] O batismo, cujo sinal original e pleno é a imersão, significa eficazmente a descida ao túmulo do cristão que morre para o pecado com Cristo em vista de uma vida nova."[3]

Ao mergulhar e levantar Jesus nas águas do rio Jordão, João estava apontando para a morte, o sepultamento e a ressurreição de nosso Senhor. Foi mediante a sua morte na cruz, o sepultamento de seu corpo na tumba e a sua ressurreição dentre os mortos que o Filho de Deus, com o Pai e o Espírito, cumpriu toda a justiça (Mt 3.15). Este é o evangelho (1Co 15.1-11). Jesus disse que o único sinal que ele daria a Israel era o de Jonas, que é morte, sepultamento e ressurreição (veja Mt 12.39-41; Lc 11.29-32). Em sua oração, Jonas citou Salmo 42.7, "todas as tuas ondas e vagas passaram sobre mim" (Jn 2.3b), um retrato de Jonas e Jesus na morte, sepultamento e ressurreição. O próprio Jesus identificou a sua morte sacrificial como um batismo: "Mas tenho que passar por um batismo, e como estou angustiado até que ele se realize!" (Lc 12.50).

O Pai, o Filho e o Espírito Santo operaram juntos para realizar a nossa redenção. Jesus disse a João: "convém que assim façamos, para cumprir toda a justiça" (Mt 3.15b). Em seu hino à Trindade, em Efésios 1.3-14, Paulo regozija-se na graça eletiva do Pai (vv. 3-6), na morte sacrificial do Filho (vv. 7-12) e no ministério confirmador do Espírito (vv. 13,14). No que tange ao Pai, fui salvo quando ele me escolheu em Cristo, antes da fundação do mundo; quanto a Deus, o Filho, fui salvo quando ele morreu por mim na cruz e ressuscitou; quanto a Deus, o Espírito, fui salvo quando ele me convenceu de meus pecados e deu-me a fé para confiar em Jesus como meu Senhor e Salvador. O ministério desses três integrantes da Trindade é imperativo na salvação do pecador. O hino de Paulo encontra-se resumido em 1Pedro 1.2: "escolhidos de acordo com o pré-conhecimento de Deus Pai, pela obra santificadora do Espírito, para a obediência a Jesus Cristo e a aspersão do seu sangue."

Ao aceitar o batismo de João, Cristo estava demonstrando a sua aceitação pelo ministério de João. Contudo, os chefes dos sacerdotes, os escribas e anciãos o rejeitaram, e quando João foi aprisionado, eles nada fizeram para

---

[2] *Wesley's Notes on the Bible*. Grand Rapids: Zondervan, 1987. p. 500.
[3] *The Catechism of the Catholic Church*. Nova York: Doubleday, 1995. p. 179, parág. 628.

libertá-lo. Certo dia, os líderes religiosos tentaram fazer uma armadilha para Jesus, mas ele os silenciou dizendo: "De onde era o batismo de João? Do céu ou dos homens?" (Mt 21.23-27). Tivessem aqueles líderes recebido o ministério de João, eles estariam preparados para receber o Messias e seriam salvos, mas eles desperdiçaram a oportunidade.

Em seu batismo, Jesus identificou-se com os pecadores, assim como fez durante todo o seu ministério diário (Mt 9.9-13) e, especialmente, em sua morte na cruz (Mt 27.38). Assim, na vida e na morte, Jesus foi "contado entre os transgressores" (Is 53.12b). Quão trágico é o fato de alguns cristãos trocarem a palavra "separados" para "isolados", alienando-se por completo das pessoas perdidas que necessitam desesperadamente do amoroso testemunho dos que conhecem a verdade (Mt 9.9-13).

Jesus, o filho encorajado, é honrado

Todos nós precisamos de encorajamento em nossa vida e ministério, mas o Filho do homem estava prestes a sair para o deserto, onde seria tentado pelo diabo. Após esse desafio, seria confrontado pelos líderes religiosos que, em vez disso, deveriam jogar-se aos pés do Messias e adorá-lo. Não é surpresa, então, que Jesus tenha orado durante seu batismo (Lc 3.21,22), pois ele verdadeiramente era um homem de oração. Lucas registra oito ocasiões em que nosso Senhor está orando (Lc 3.21; 5.16; 6.12; 9.18,29; 11.1; 23.34, 46). A cada manhã, Jesus despertava bem cedo e dedicava tempo em oração e comunhão com o Pai (Mc 1.34,35; Lc 5.15,16). Antes de escolher os doze apóstolos, Jesus orou por toda a noite (Lc 6.12,13). Eis aqui um bom exemplo a seguir sempre que necessitarmos tomar decisões, sejam grandes ou pequenas. Jesus orou na transfiguração (Lc 9.28,29), no jardim do Getsêmani (Lc 22.39-46), em sua crucificação (Lc 23.34) e enquanto estava pendurado na cruz (Mt 27.46; Lc 23.46). Em João 17, encontramos aquela que é talvez a maior oração das Escrituras.

As pessoas na multidão não tinham ciência do fato de o Filho de Deus estar entre elas e, assim, não tinham palavras de encorajamento para ele; mas o Pai proferiu do céu: "Este é o meu Filho amado, em quem me agrado" (Mt 3.17b).

Em minha própria jornada cristã, há situações em que a Palavra de Deus, registrada nas Escrituras, é exatamente o tonificante de que necessito naquele momento. Os autores dos Evangelhos mencionam três ocasiões em que o Pai falou ao Filho, do céu, encorajando-o: aqui em seu batismo, no monte da Transfiguração (Mt 17.5) e após a entrada triunfal do Senhor em Jerusalém (Jo 12.27-36).

Observe que o Pai fala de maneira audível com Jesus no início, no meio e quase no fim de seu ministério terreno. Quanto a mim, jamais ouvi Deus falar do céu, mas ele se comunica comigo por meio das Escrituras, pelos lábios de outros cristãos, pela letra de uma canção e, claro, por meio das circunstâncias difíceis e desafiadoras. "Aquele que tem ouvidos para ouvir, ouça!" (Mt 13.9).

Jesus foi encorajado não apenas pelo fato de seu Pai falar com ele, mas também pelo que lhe foi dito. Deus chamou Jesus de "meu Filho amado" e assegurou que estava satisfeito com ele. Durante os trinta anos vividos em Nazaré, Cristo sempre agradou ao Pai. Essa afirmação de amor e contentamento foi crucial para que Jesus enfrentasse as tentações de Satanás durante os quarenta dias no deserto. O amor de Deus por nós e sua aprovação pelo nosso caminhar e nosso trabalho constituem fontes inesgotáveis de força e resiliência. Em geral, ao enfrentarmos situações de dor e tristeza, Satanás nos diz: "Se Deus ama tanto você, por que está sofrendo? Que demonstração estranha de amor!". Mas o Pai, então, nos fala por meio da Bíblia, afirmando seu amor por nós e sua alegria com a nossa obediência. Ainda, podemos sentir o amor de Deus em nosso coração, especialmente quando outro irmão em Cristo compartilha esse amor divino conosco.

O Pai estava muito satisfeito com o Filho e essa deveria ser a nossa preocupação diária, qual seja, a de satisfazer a Deus em todas as coisas. Jesus disse: "Aquele que me enviou está comigo; ele não me deixou sozinho, pois sempre faço o que lhe agrada" (Jo 8.29). Fazer o que agrada ao Criador pode não ser do agrado das demais pessoas, mas Pedro nos relembra qual é o nosso dever: "É preciso obedecer antes a Deus do que aos homens!" (Atos 5.29b).

Jesus foi honrado pela voz e pelo amoroso elogio do Pai, mas ele também foi honrado pela presença do Espírito Santo, que desceu na forma de uma pomba e pousou sobre ele. O Pai, o Filho e o Espírito Santo uniram-se para "cumprir toda a justiça" (Mt 3.13-15), e a descida da pomba sobre Cristo identificou-o como o santo Filho de Deus (Jo 1.33,34). Um dos ministérios do Espírito Santo neste mundo é apontar para Jesus e glorificá-lo (Jo 16.14). Desde a concepção do Senhor Jesus até a sua ressurreição, o Espírito Santo o fortaleceu e capacitou para que conhecesse e cumprisse a vontade de Deus. Lembre-se, Jesus viveu neste mundo assim como todo cristão vive — confiando na Palavra de Deus, orando, obedecendo à vontade divina e dependendo do poder do Espírito Santo.

Anos atrás, ouvi o Dr. A. W. Tozer dizer: "Se Deus retirasse o Espírito Santo deste mundo, muito do que a igreja está fazendo prosseguiria adiante *e ninguém notaria qualquer diferença.*" Para seu primeiro sermão registrado em sua cidade, Nazaré, o Senhor escolheu a passagem de Isaías 61.1,2 como texto de referência, conforme relatado em Lucas 4.18-20:

> O Espírito do Senhor está sobre mim, porque ele me ungiu para pregar boas-novas aos pobres. Ele me enviou para proclamar liberdade aos presos e recuperação da vista aos cegos, para libertar os oprimidos e proclamar o ano da graça do Senhor.

Jesus ministrou às pessoas que necessitavam de seu auxílio: os pobres, os quebrantados de coração, os cativos, os cegos e oprimidos. Tais aflições ainda assolam as pessoas em nosso mundo moderno e somente Cristo pode ajudá-las a lidar com esses infortúnios. Antes de o Senhor Jesus retornar ao céu, os discípulos perguntaram se ele estava indo restaurar o reino de Israel. Jesus respondeu-lhes, dizendo que não olhassem para trás, mas para o futuro, para todas as novas coisas que o Senhor faria neles e por meio deles (At 1.4-8). O fato de o Espírito Santo assumir a forma de um pomba nos faz lembrar da pureza, lealdade, gentileza e quietude do Espírito. Como povo de Deus, somos chamados a ser "prudentes como as serpentes e simples como as pombas" (Mt 10.16b) e devemos manifestar o fruto do Espírito em tudo o que fizermos (Gl 5.22,23).

Se nosso Senhor Jesus Cristo, com toda a sua perfeição, teve de depender do Espírito Santo a fim de obter poder para servir, quanto mais nós, seres humanos limitados e pecaminosos, necessitamos do Espírito! Muitas congregações recitam o Credo Apostólico quando celebram a ceia do Senhor e, juntos, proclamam "Eu creio no Espírito Santo", mas há alguma evidência de que o Espírito está agindo em suas vidas e no ministério da igreja? Ou somos como a igreja em Sardes, que tinha fama de estar viva, porém estava morta espiritualmente (Ap 3.1-6)? Sim, é possível imitar algumas das obras do Espírito Santo e fazer os outros pensarem que estamos "pegando fogo por Deus", porém, separados do Espírito de vida, em Cristo Jesus (Rm 8.2), não podemos viver uma vida como a do Filho de Deus.

(O espelho do evento: uma pausa para reflexão)

> Quando chegou a hora de deixar sua casa, seja por causa de emprego ou estudo, o que você sentiu? Sofrimento ou alívio? Que certeza tinha de estar no centro da vontade de Deus?

Quando e como declarou publicamente a sua fé em Jesus Cristo? Como declara a sua fé hoje?

Há, em seu coração, uma forte motivação de agradar ao Pai celestial?

Já aprendeu como descobrir a vontade de Deus por meio da oração e meditação na Bíblia?

Evento 4

A tentação de Jesus
Mateus 4.1-11; Marcos 1.12,13; Lucas 4.1-13

Durante seu ministério terreno, nosso Senhor viveu pela fé, assim como os filhos de Deus hoje. "Porque vivemos por fé, e não pelo que vemos" (2Co 5.7), e fé é viver sem esquemas. Jesus confiava nas Escrituras, no poder do Espírito Santo e no caráter de seu Pai celestial, a quem orava. Ele sabia que a Palavra era verdadeira, que o Pai era fiel e que o Espírito jamais o abandonaria. Portanto, ele foi capaz de enfrentar suas tarefas diárias e desafios confiadamente.

Contudo, viver pela fé também envolve enfrentar tribulações, pois uma fé que não pode ser testada não pode se revelar autêntica. A vida cristã é como a terra prometida por Deus a Israel, "é terra de montes e vales" (Dt 11.11b). Decerto, o batismo foi uma experiência impressionante para o nosso Senhor, ao ouvir Deus falando do céu e ver o Espírito descer como uma pomba. No entanto, após essa experiência máxima, Cristo enfrentou quarenta dias em jejum no deserto, que culminaram com o ataque de Satanás, por meio de três tentações astuciosas. Sempre que somos abençoados de um modo especial, podemos ter a certeza de que o inimigo está logo ali na esquina, aguardando o momento certo para nos atacar. Enquanto nos regozijamos com as bênçãos de Deus, devemos ter a cautela de não começarmos a confiar em nossas emoções em detrimento de nossas responsabilidades, especialmente a de obedecer ao Senhor e não ser ludibriado e desviado pelos estratagemas de Satanás.

Deus nos coloca à prova para nos aprimorar e edificar, mas o inimigo nos tenta para nos roubar e derrubar. *As decisões que tomamos determinam se nos beneficiamos com os testes de Deus ou os transformamos em tentações.* Um teste constitui uma oportunidade concedida pelo Altíssimo de experimentarmos o seu amor e sua graça e obtermos uma vitória. Porém, Satanás sempre tem um plano alternativo que parece muito atraente. Para o inimigo, uma tentação é uma oportunidade de nos fazer experimentar um prazer legítimo que é obtido de maneira ilegítima. Ser aprovado em um exame final é muito prazeroso, mas obter essa aprovação "tomando emprestadas" as respostas daquele aluno inteligente, sentado próximo a você, constitui pecado. É positivo e apropriado economizar dinheiro, mas não à custa de uma declaração incorreta do imposto de renda. Naquele momento, ceder à tentação parece inofensivo e inteligente, mas o dano final ao nosso caráter e nossa jornada com Deus demonstra quão tolo e dispendioso isso é.

Ao orarmos a Oração do Senhor, rogamos "e não nos deixes cair em tentação" (Mt 6.13a), porém Mateus 4.1 diz: "Então Jesus foi levado pelo Espírito ao deserto, para ser tentado pelo diabo." O Pai não estava *tentando* o Filho para pecar, pois Deus não pode ser tentado; o Pai estava *provando* o Filho, sabendo que Jesus seria vitorioso (Tg 1.12-15).

Vamos refletir sobre a estratégia de Satanás nessas três tentações e ver como Jesus as derrotou.

"Mande que estas pedras se transformem em pães" (Mateus 4.1-4)

Quarenta dias antes de Satanás aparecer, Jesus ouviu seu Pai afirmar tanto seu amor quanto sua aprovação, e agora o diabo estava questionando o que Deus havia dito. "Se o Pai o ama tanto, por que você está faminto? Se ele está tão contente com você, por que está sofrendo?" Satanás está questionando a Palavra e o caráter de Deus assim como fez com Eva quando a tentou (Gn 3.1-6). "Foi isto mesmo que Deus disse: 'Não comam de *nenhum* fruto das árvores do jardim'? Mas se Deus realmente amasse você, não a privaria desse jeito." Quando Eva começou a duvidar da Palavra e do amor de Deus, tornou-se fácil para Satanás negar o que Deus disse e, então, substituir pela sua palavra (Gn 3.4,5).

Porém, no deserto, a abordagem do diabo foi ainda mais sutil, pois conhecia o poder que Cristo, como o Filho de Deus, possuía. *Satanás sugeriu que Jesus usasse os seus próprios poderes para satisfazer as suas necessidades e não glorificar o*

Pai pelo serviço aos outros! "Não é a preservação a primeira lei da vida? Se o Pai não está cuidando de você, então, você tem o direito de cuidar de si mesmo."

Esse tipo de racionalização motiva ditadores e outros "obcecados por controle", pessoas que delegam para si o direito de dominar as demais e ter o seu próprio séquito. Porém, Jesus disse: "Mas eu estou entre vocês como quem serve." (Lc 22.27b). Jesus assumiu a forma de um servo e humilhou-se para poder servir aos outros, a ponto de sacrificar a si mesmo na cruz por nós (Fp 2.5-11). Primeiro, o sofrimento e, então, a glória sempre foi a ordem de Deus. Paulo escreveu: "Considero que os nossos sofrimentos atuais não podem ser comparados com a glória que em nós será revelada." (Rm 8.18).

Cristo poderia transformar facilmente as pedras em pão com apenas uma palavra, mas aquela não era a vontade do Pai. "Nem só de pão viverá o homem, mas de toda palavra que procede da boca de Deus" (Mt 4.4). Jesus respondeu com a passagem de Deuteronômio 8.3. A fome, para ele, não era uma punição, pois sabia estar cumprindo a vontade do Pai e *a vontade do Pai é nutrição!*

Isso traça um paralelo com João 4.34: "A minha comida é fazer a vontade daquele que me enviou e concluir a sua obra." Satanás quer nos fazer acreditar que todo sofrimento, frustração ou trânsito congestionado são evidências do desagrado de Deus conosco, mas as claras afirmações nas Escrituras e o testemunho do Espírito em nosso coração nos asseguram do amor e do cuidado de Deus. Davi nos aconselhou: "Entregue suas preocupações ao Senhor, e ele o susterá" (Sl 55.22a). Ainda, Pedro escreveu: "Lancem sobre ele toda a sua ansiedade, porque ele tem cuidado de vocês." (1Pe 5.7). Viver pela fé significa obedecer a Deus e descansar na sua Palavra, a despeito das circunstâncias que nos cercam, das consequências diante de nós ou dos nossos sentimentos.

Meditemos no fato de que a Bíblia é alimento para a pessoa interior, assim como a comida nutre o nosso corpo. Moisés comparou as Escrituras ao pão (Dt 8.3), enquanto os salmistas compararam a Palavra de Deus ao mel (Sl 19.9,10; 119.103). Por sua vez, Pedro escreveu: "Como crianças recém-nascidas, desejem de coração o leite espiritual puro, para que por meio dele cresçam para a salvação" (1Pe 2.2). Bebês saudáveis têm um apetite insaciável pelo leite de suas mães, mas Paulo nos exorta a amadurecermos espiritualmente e desejarmos o "alimento sólido" da Palavra (1Co 3.1-3; veja Hb 5.11-14). O leite da Palavra registra o que Jesus disse e fez durante seu ministério terreno, porém o alimento sólido das Escrituras é o que Jesus diz e faz agora, como nosso sumo sacerdote. Os cristãos que digerem uma dieta diária da Palavra de

Deus crescerão em graça e conhecimento (2Pe 3.18) e serão capazes de detectar e neutralizar os ataques sutis de Satanás.

Davi escreveu: "Já fui jovem e agora sou velho, mas nunca vi o justo desamparado, nem seus filhos mendigando o pão." (Sl 37.25). Nossas vitórias hoje trarão bênçãos aos nossos descendentes amanhã, porém as nossas derrotas também podem trazer-lhes tristeza. Abraão chegou a Canaã apenas para encontrar a escassez de comida naquela região. No entanto, ao invés de permanecer lá e confiar no Senhor, ele fugiu para o Egito e se envolveu em problemas. O que Abraão fez, no devido tempo, influenciou seu sobrinho, Ló, a tomar decisões imprudentes que culminaram em uma ruína vergonhosa (Gn 12.16–13.13; Gn 19). Na próxima vez em que formos tentados pelo diabo, ignoremos os prazeres do presente e consideremos as consequências futuras que possam advir para nós e nossos descendentes.

"Jogue-se daqui para baixo" (Mateus 4.5-7)

Satanás iniciou o seu ataque questionando o amor de Deus por seu Filho. Agora, o diabo coloca em dúvida a verdade do próprio Criador. No ataque inicial, Jesus derrotou o inimigo citando as Escrituras e Satanás replicou também citando a Palavra de Deus. (Sim, o diabo conhece a Bíblia!) O texto usado por Satanás está em Salmo 91.11 e 12, porém ele evita citar o versículo 13, que promete ao que crê a vitória sobre leões e cobras. Afinal, Satanás é a serpente e o leão — o enganador e o devorador (2Co 11.3; 1Pe 5.8). "Você diz que a sua vida é guiada e alimentada pelas Escrituras. Prove isso! Reivindique esta promessa e veja se os anjos irão protegê-lo! Quando as pessoas virem este grande feito, elas o seguirão".

Jesus possuía um corpo humano passível de morte e, de fato, isso aconteceu na cruz. Se ele saltasse do pináculo do templo, estaria tentando o Pai a protegê-lo. Assim, Jesus venceu o diabo com outra citação das Escrituras: "Não ponham à prova o Senhor, o seu Deus" (Dt 6.16a). Tentar o Senhor é, deliberadamente, colocar-se em uma situação desobediente e perigosa, esperando que Deus o resgate. Isso significa desafiar o Altíssimo a agir sob o seu comando. Talvez você consiga encontrar um versículo na Bíblia que suporte a sua ultrajante decisão, porém jamais será razão suficiente para fazê-lo. Jesus disse a Satanás: "Também está escrito" (Mt 4.7b). Observe a palavra "também". Isso nos exorta a comparar Escritura com Escritura, porque utilizando um texto fora do contexto consegue-se provar quase tudo.

Creio que foi G. Campbell Morgan quem contou sobre um homem que buscava saber a vontade de Deus mediante a abertura aleatória da Bíblia, escolhendo, de olhos fechados, um dos versículos. Na primeira vez que assim fez, o versículo dizia: "Então Judas [...] foi e enforcou-se." (Mt 27.5). Ele fechou a sua Bíblia e tentou novamente. Desta feita, ele apontou para Lucas 10.37: "Vá e faça o mesmo". Em sua terceira tentativa, ele leu João 13.27: "O que você está para fazer, faça depressa".

Um dos primeiros axiomas da hermenêutica (os princípios do estudo bíblico) é: "Um texto fora do contexto é pretexto." Li a respeito de um notável pregador que desejava saber se deveria pedir a sua namorada em casamento. Então, ele abriu a sua Bíblia e, às cegas, escolheu Ezequiel 37.17, onde dois pedaços de madeira se tornam um só nas mãos do profeta, concluindo que a resposta só poderia ser "case-se com ela!".

Nada substitui a leitura de toda a Bíblia, repetidas vezes, meditando em suas palavras e investigando as referências cruzadas. "Toda a Escritura é inspirada por Deus" (2Tm 3.16a) e não devemos nos atrever a negligenciar qualquer parte dela, pois uma porção auxilia na compreensão da outra.

Satanás mencionou a passagem de Salmo 91.11,12, mas Jesus replicou-o com a citação de Deuteronômio 6.16. O versículo completo é: "Não ponham à prova o SENHOR, o seu Deus, como fizeram em Massá." Jesus não mencionou esta última parte, mas recomendo a leitura de Êxodo 17.1-7 para você entender toda a força desse versículo. Durante a marcha de Israel no deserto, o povo chegou a Refidim sedento, porém lá não havia água. Então, os israelitas reclamaram amargamente contra Moisés e, por conseguinte, contra o Altíssimo. Na verdade, eles estavam tentando Deus a discipliná-los, mas, em sua graça, o Senhor lhes concedeu água. Moisés mudou o nome daquele lugar, Refidim ("descanso", "refrigério"), para Massá, que significa "teste" ou "prova". Ao enfrentarmos circunstâncias difíceis, quão propensos nos tornamos para reclamar do Senhor, e tal atitude equivale a tentar a Deus. Pelo contrário, deveríamos estar louvando ao Senhor, rogando por graça para glorificá-lo. Pessoas imaturas reclamam e pedem: "*Como* posso sair dessa situação?". Pessoas maduras oram e perguntam: "*O que* posso aprender com essa situação?". "Vocês precisam perseverar, de modo que, quando tiverem feito a vontade de Deus, recebam o que ele prometeu" (Hb 10.36; cf. 6.12).

Quando oramos "e não nos deixes cair em tentação" estamos, na realidade, dizendo: "Senhor, não nos deixe tentá-lo, a nós mesmos ou aos outros." Quando Ló decidiu mudar-se para a perversa cidade de Sodoma, ele estava colocando à prova a si e a sua família. De igual modo o fez Sansão, quando se envolveu com Dalila. Ao ser preso no jardim, Jesus disse aos seus discípulos que fossem embora (Jo 18.8), porém Pedro desobedeceu e o seguiu. Ele caminhou direto para a tentação, negando ao Senhor por três vezes.

Com respeito a tentar os outros a pecar, a passagem de Mateus 18.1-9 contém algumas advertências severas. Salmo 1.1 retrata um homem caindo em pecado porque, deliberadamente, cercou-se de más companhias. O Senhor promete nos dar a vitória sobre a tentação se, de fato, desejamos obedecer-lhe (1Co 10.13). Ele sabe o quanto podemos suportar e que, se confiarmos nele, providenciará um meio de escape.

"Se você se prostrar e me adorar" (Mateus 4.8-11)

Neste estudo, temos visto até aqui Satanás questionando e tentando a Deus. Agora, ele tentará substituir a Deus, porque a sua ambição sempre foi ser "como o Altíssimo" (Is 14.12-14). Alguns cristãos ficam chocados ao descobrir que Satanás está sendo adorado não apenas nos chamados "templos pagãos", como também em edifícios dedicados a Deus, por pessoas que se autodenominam "cristãs". Eu mesmo já estive em cultos onde Jesus não foi exaltado em momento algum, quer pela música quer pela pregação, e não havia evidências do temor do Senhor. Lembre-se: Satanás é um falsificador e sabe como imitar muito do que Deus tem ordenado ao seu povo.

Jesus chamou Satanás de "o príncipe deste mundo" (Jo 12.31; 14.30), indicando que o diabo possui autoridade limitada em nosso mundo hoje. Satanás possui ministros impostores (2Co 11.1-4,13-15) que pregam um evangelho falsificado (Gl 1.6-9), em igrejas falsas (Ap 2.9; 3.9). Ele oferece uma justiça igualmente falsa, baseada em boas obras e não na obra definitiva de Cristo na cruz (Rm 10.1-13). Nosso inimigo não se agrada quando cristãos em comunhão, genuinamente, louvam ao Senhor, leem e estudam a Bíblia, oram uns pelos outros, por aqueles em cargos de autoridade e pelas pessoas que precisam de salvação. Da mesma forma, ele não quer que ajudemos os desamparados ou cuidemos dos necessitados.

Porém, a cruz é outro fator envolvido nesta tentação. Um dia, Jesus reinará como o Rei dos reis e Senhor dos senhores porque ele morreu na cruz e pagou o preço pelos nossos pecados. Ele levantou dentre os mortos e ascendeu ao seu trono no céu. Com sua permissão é que o diabo ainda detém uma porção limitada de liberdade, mas, um dia, isso cessará, e Satanás, juntamente com suas hostes, será aprisionado no lago de fogo eterno (Ap 19–20). Por causa da derrota que Cristo impôs ao inimigo (Cl 2.11-15), o povo de Deus pode diariamente reivindicar a vitória em seu soberano e vivo Redentor.

Essa tentação foi um dos dispositivos usados por Satanás para tentar demover Jesus de morrer na cruz e, assim, evitar a derrota de todo o sistema satânico. Se adorasse ao diabo, o Filho de Deus, temporariamente, receberia a glória dos reinos deste mundo e não teria que sofrer e morrer. Mas a glória de Satanás não perdura, suas tentações parecem ser atalhos fáceis para alcançar um bom propósito. Não existem atalhos na vida cristã. A jornada bíblica rumo à glória principia com sofrimento. Quando Jesus anunciou aos doze apóstolos que, em Jerusalém, sofreria e seria crucificado, Pedro respondeu: "Nunca, Senhor! Isso nunca te acontecerá!" A resposta de Cristo foi: "Para trás de mim, Satanás!" (Mt 16.21-23). Sim, por vezes, o inimigo utiliza cristãos para espalhar as suas mentiras e, por essa razão, devemos exercitar o nosso discernimento. Decerto, Pedro aprendeu essa dura lição, pois, em sua primeira carta, ele explica o relacionamento entre sofrimento e glória na vida cristã. As igrejas de nossos dias precisam estudar essa epístola, porque a perseguição não demora, e muitos cristãos não estão preparados para enfrentá-la.

Houve outra ocasião em que Satanás tentou Jesus a abandonar a cruz. Após alimentar os cerca de cinco mil homens, Cristo percebeu que a multidão queria proclamá-lo rei, mas ele os dispersou, retirando-se para o monte a fim de orar (Jo 6.15). Ele sabia que a cruz deve preceder a coroa. Ninguém gosta de sofrer, mas, se desejamos glorificar ao nosso Senhor, é necessário sofrer e confiar no Espírito Santo que nos capacita a honrar a Jesus (1Pe 4.12-19). "Considero que os nossos sofrimentos atuais não podem ser comparados com a glória que em nós será revelada." (Rm 8.18).

Jesus silenciou o diabo com a citação de Deuteronômio 6.13, mas é interessante notar que o Senhor menciona "serviço", assim como "adoração". Satanás não havia dito nada sobre serviço, mas Jesus o fez, pois sabia que *tudo o que servimos sacrificialmente isso é o que adoramos*. Se verdadeiramente amarmos a Deus, não hesitaremos em fazer sacrifícios a fim de servi-lo. Após tentar remover a crucificação da agenda de nosso Senhor, Pedro ouviu Jesus dizer aos discípulos: "Se alguém quiser acompanhar-me, negue-se a si mesmo, tome a sua cruz, e siga-me." (Mt 16.24b). Assim, de repente, Pedro descobriu que ele também tinha uma cruz para carregar! Se ignorarmos a cruz, perderemos muitas bênçãos, pois, então, nada saberemos sobre a "participação em seus sofrimentos" (Fp 3.10).

Aqueles que compreendem o sofrimento e a glória igualmente entenderão como "reinarão em vida por meio de um único homem, Jesus Cristo" (Rm 5.17b). Ao criar Adão e Eva, Deus concedeu-lhes o domínio sobre os peixes, os pássaros e animais (Gn 1.26-31; Sl 8). Contudo, eles perderam esse domínio quando desobedeceram a Deus. Ao descer a este mundo, Jesus demonstrou que era, de fato, o rei, pois mostrou domínio sobre os peixes (Lc 5.1-11; Mt 17.24-27; Jo 21.1-14), sobre os pássaros (Mc 14.27-31,66-72) e sobre os animais (Mc 1.12,13; 11.1-3). Quando o nosso Senhor estabelecer o seu Reino na terra, toda a natureza lhe obedecerá e não haverá mais conflitos (Is 11.1-9).

***

Chegará o dia em que Satanás dirá a um homem: "Se você me adorar eu te darei todos os reinos e a glória deste mundo." Esse homem aceitará a oferta e o Anticristo surgirá em cena! Estudiosos da Bíblia não concordam em todos os detalhes de Apocalipse 12–19, porém o panorama está claro. Apresentando-se como um pacificador, esse falso Cristo receberá a admiração e a aceitação do mundo e, por fim, será mundialmente adorado. Ele perseguirá e aniquilará muitos dentre o povo de Deus, controlará a economia, a política e a religião mundial. Deus enviará julgamentos sobre o seu reino, porém, apesar da dor e dos distúrbios sociais, os seguidores do Anticristo não se arrependerão de seus pecados (Ap 16.8-11). O Anticristo e seus exércitos atacarão o povo de Deus, mas, então, Jesus descerá do céu com suas hostes e lançará o Anticristo e seus associados no lago de fogo. Então, Jesus estabelecerá o seu Reino neste mundo e seus servos o servirão.

Vitória já!

Entretanto, a nossa preocupação primordial deveria ser servir a Cristo *já* e lograr a vitória sobre Satanás e seu demoníaco exército *agora* (Ef 6.10-20). A cada dia, devemos vestir toda a armadura de Deus e empunhar a espada da Palavra de Deus e o escudo da fé, estando preparados para combater os ataques de Satanás contra nós e nossos irmãos na fé. Devemos dedicar tempo em oração, individual ou coletiva, rogando a Deus que ele seja glorificado em nossa vitória contra o diabo. Sempre que leio Atos dos Apóstolos, fico impressionado com o ministério de oração que caracterizava a igreja primitiva e com as respostas que Deus lhes concedia. Entristece-me o fato de a oração não ser enfatizada como deveria nas igrejas atuais.

Você percebeu o que aconteceu após Jesus ter vencido a batalha contra Satanás? "Então o diabo o deixou, e anjos vieram e o serviram." (Mt 4.11). Ainda, Lucas 4.13 nos revela que Satanás "o deixou até ocasião oportuna", pois ele permanece em alerta, buscando descobrir brechas em nossa vida (Portanto, deveríamos estar alertas para nos livrarmos delas!). Não creio que o inimigo já tenha me atacado pessoalmente, porque não estou na lista de "mais procurados" dele. À menção de meu nome, o demônio deve dizer: "Eu conheço Jesus, conheço Paulo, mas quem é Wiersbe?" (veja At 19.15). *Contudo, mantenho comigo tudo o de que necessito para discernir as táticas do diabo e derrotá-lo!* E os anjos virão ministrar a mim quando precisar deles (Hb 1.14). Anjos protegeram Daniel (Dn 6.22), libertaram Pedro (At 12), guiaram Filipe (At 8.26-40) e ajudaram o apóstolo João a escrever o derradeiro livro da Bíblia (Ap 1.1-3). Os anjos são nossos servos e, embora não possamos adorá-los ou orar a eles, devemos confiar no auxílio deles conforme o Pai lhes ordenar.

O que deu a vitória a Jesus também nos torna vitoriosos, ou seja, ele estava no centro da vontade de seu Pai e este estava satisfeito com seu Filho. Os cristãos que se encontram fora da vontade divina constituem alvos perfeitos para o diabo e, com frequência, acabam colocando a si mesmos à prova. Nosso Senhor estava cheio do Espírito e da Palavra de Deus, plenamente capacitado a lançar mão das Escrituras para silenciar Satanás. "Guardei no coração a tua palavra para não pecar contra ti." (Sl 119.11). Jesus orou e confiou na resposta de Deus e ela veio! A armadura espiritual é o equipamento de que necessitamos para entrar na batalha, porém a oração e o Espírito Santo fornecem a capacitação necessária para usarmos nosso equipamento com eficácia. "Orem no Espírito em todas as ocasiões, com toda oração e súplica" (Ef 6.18a).

"Não sobreveio a vocês tentação que não fosse comum aos homens. E Deus é fiel; ele não permitirá que vocês sejam tentados além do que podem suportar. Mas, quando forem tentados, ele lhes providenciará um escape, para que o possam suportar." (1Co 10.13). Jesus já obteve a vitória, então vamos reivindicá-la pela fé.

(O espelho do evento: uma pausa para reflexão)

Você já aprendeu que, às vezes, uma experiência gloriosa com o Senhor pode ser seguida de uma batalha com a tentação? Por que, em sua opinião, o Pai permite essa sequência?

Ser tentado não constitui pecado, pois o próprio Filho de Deus, que não conheceu o pecado, foi tentado.

O perigo está em "brincar" com a tentação e dar-lhe importância. Como você discerne entre as tentações do diabo e os testes do Pai?

O exemplo de nosso Senhor deixa claro que a Bíblia é a melhor arma para suplantar o diabo (Ef 6.10-18; Hb 4.12). Você já memorizou as Escrituras a fim de assegurar a sua munição? (Veja Sl 119.11)
Quando é tentado, você reivindica 1Coríntios 10.13 e pede auxílio ao Pai para usar o "escape"? Dedica um tempo regular e diário ao Senhor, meditando nas Escrituras, orando e buscando as orientações de Deus para aquele dia?

Há alguma tentação em particular que, repetidamente, você confronta? Já discutiu isso com outro cristão?

Na Oração do Senhor (Mt 6.9-15), oramos "E não nos deixes cair em tentação". Deus jamais nos tenta (Tg 1.12-18), mas se falharmos em dizer um decisivo "Não!" às ofertas do diabo, podemos estar nos colocando à prova, bem como aos outros ou mesmo ao Senhor! A simples consideração de ceder à tentação significa rejeitar o auxílio que o Altíssimo pode nos dar.

Evento 5

A transfiguração de Jesus
Mateus 17.1-13; Marcos 9.2-13; Lucas 9.28-36

O termo grego, traduzido como "transfigurado" em português, tem o sentido original de "metamorfose", ou seja, uma mudança exterior que provém do interior. Quando Jesus começou a brilhar, não foi porque os anjos no céu o iluminaram com um poderoso holofote. Isso ocorreu devido a sua natureza divina, irradiando através de seu corpo e sua vestimenta. A larva que se transforma em casulo e, depois, em borboleta experimenta essa metamorfose. Jesus revelou a sua natureza divina em toda a sua glória, um assombroso evento testemunhado apenas pelo Pai, no céu, e por cinco pessoas na terra: Pedro, Tiago, João, Moisés e Elias. É privilégio nosso aprender algumas lições espirituais básicas por meio do que eles viram no alto daquele monte.

Jesus e as multidões

Com frequência, o evangelho registra que enormes multidões seguiam a Jesus, por onde quer que ele fosse. Algumas pessoas chegaram a experimentar seu miraculoso poder, outras testemunhavam os milagres sendo realizados, enquanto as demais ouviam as verdades espirituais proferidas pelo Mestre. Cristo não podia ignorar as multidões porque ele veio a este mundo ministrar às pessoas e transmitir a elas as boas-novas do Reino. Eu costumava dizer aos pastores em conferências: "Queremos multidões não para contá-las, mas porque as pessoas são importantes e desejamos servi-las."

Algumas celebridades, em suas entrevistas na mídia, têm admitido que multidões entusiásticas as levam à exaustão e que, se não se isolarem de seu público, não conseguem viver bem. Cada manhã, Jesus levantava-se de madrugada e procurava um lugar solitário para orar (Mc 1.35). Por vezes, nosso Senhor escapava da multidão, levando alguns discípulos com ele, a fim de descansar e restaurar-se na solidão. Chamamos a isso de um "retiro", porém mesmo nessas ocasiões as pessoas o encontravam (Mc 6.30-44). O notável "retiro da transfiguração", reportado por Mateus, Marcos e Lucas, levou Jesus para longe da aglomeração de pessoas, dando-lhe a oportunidade de glorificar ao Pai, bem como preparar-se e aos três discípulos para seu sofrimento e morte que se aproximavam.

Nos dias atuais, vivemos em um mundo de mudanças constantes e controle de massa. Assim, se não formos cautelosos, podemos ser levados de roldão pela multidão e, pouco a pouco, perder a nossa identidade. O filósofo Blaise Pascal escreveu: "Toda a infelicidade dos homens provém de uma só coisa, que é não saberem ficar em repouso num quarto" (Pensamentos #139). Se não conseguimos nos dar bem com nós mesmos, jamais conseguiremos conquistar a multidão. Em sua autobiografia, *Out of My Later Years* [Meus últimos anos], Albert Einstein escreveu: "Vivi em solidão no campo e percebi como a monotonia de uma vida tranquila estimula a mente criativa."[1] O naturalista e poeta americano Henry David Thoreau escreveu no capítulo "Economia" de *A vida nos bosques*: "Mil vezes sentar-me à vontade em cima de uma abóbora do que comprimir-me entre outras pessoas numa almofada de veludo." Podemos passar tempo demasiado na companhia dos outros em detrimento de dedicarmos tempo a nós mesmos e ao Senhor.

Estar sozinho não é o mesmo que experimentar desconexão ou solidão. Muitas pessoas podem estar em meio a uma ruidosa multidão e, ainda assim, sentirem-se desconectadas ou solitárias. A pessoa que vive de forma equilibrada, andando com Deus, consegue lidar bem com a multidão e consigo mesma. De fato, os que encontram enriquecimento na solidão possuem algo a compartilhar com a multidão. Jesus não estava sozinho no monte, mas tinha a companhia de Pedro, Tiago e João, que foram convidados por ele. Então, Moisés e Elias apareceram e o Pai falou do céu. A promessa divina ao povo de Deus é: "Nunca o deixarei, nunca o abandonarei." (Js 1.5b; Hb 13.5). Como cristãos, podemos superar as destrutivas influências da cultura de massa que caracteriza o mundo hoje ao dedicarmos tempo para

---

[1] EINSTEIN, Albert. *Out of My Later Years*. Nova York: Citadel Press, 2000. p.24

estarmos a sós com nós mesmos e com o Senhor. A vida abençoada é uma vida equilibrada, e o Senhor é o único capaz de manter tudo sob controle. Aqueles que encontram paz em Cristo a sós não enfrentarão dificuldades em encontrar essa mesma paz em meio à multidão.

Em seu ensaio *The Decline of Heroes* [O declínio dos heróis], o historiador Arthur M. Schlesinger Jr. escreveu: "Para sobrevivermos, precisamos ter ideias, visão e coragem. Tais coisas raramente são produzidas por comitês. Tudo o que importa em nossa vida moral e intelectual começa com um indivíduo confrontando a sua própria mente e consciência, a sós em um quarto."[2] É necessário que haja ambos, sociedade e solidão, o topo da montanha e o vale, para nos tornarmos maduros, criativos e, com o auxílio do Senhor, podermos lidar com ambos. Abençoados são os equilibrados.

Jesus e a glória

No antigo Oriente Próximo, as nações gentias possuíam templos, sacerdotes e rituais, mas somente a nação de Israel desfrutava da glória de Deus habitando em seu santuário (Rm 9.4). Quando Moisés dedicou o tabernáculo, a glória de Deus encheu aquele local (Êx 40.34-38). Igualmente, quando Salomão dedicou o templo, a glória de Deus ocupou toda a área (2Cr 7.1-3). Os ídolos das demais nações não tinham vida ou glória e nada podiam realizar. Mas, o Deus vivo de Israel é glorioso em tudo o que ele é, diz e faz!

A tragédia, ao longo dos séculos, reside no fato de Israel ter pecado repetidamente contra o Senhor, até mesmo colocando ídolos em seu templo, até que, por fim, a glória de Deus desocupou o santuário. O profeta Ezequiel registra como a glória moveu-se do propiciatório, no Lugar Santíssimo, para a entrada do templo, indo, então, à entrada da porta oriental e, de lá, deixou o templo por completo, parando sobre o monte das Oliveiras (Ez 10.1-19; 11.22,23). Os sacerdotes poderiam ter escrito "Icabode" sobre o templo, ou seja, "a glória se foi de Israel" (1Sm 4.19-22). Ezequiel também revelou que a glória retornará e habitará novamente no templo no futuro reinado (Ez 43.1-5).

Quando Jesus nasceu em Belém, a glória do Altíssimo retornou ao povo de Israel na pessoa do Filho de Deus (Lc 2.8,9). "Aquele que é a Palavra tornou-se carne e viveu entre nós. Vimos a sua glória, glória como do Unigênito vindo do Pai, cheio de graça e de verdade." (Jo 1.14). Jesus glorificou a Deus em sua vida, seus ensinamentos e milagres, porém especialmente em sua morte e

---

[2] In: *Adventures of the Mind*. ed. Richard Thruelson e John Kobler. Nova York: Alfred A. Knopf, 1960. p.103.

ressurreição. Contudo, a transfiguração de Jesus no monte foi sobremaneira especial e possui significância para nós hoje. Ao nascer, Cristo foi envolto com faixas de pano e, ao morrer, José de Arimateia e Nicodemos o envolveram em um lençol de linho. Porém, no alto do monte, Jesus irradiou sua glória de uma forma nunca antes vista por seus discípulos. Essa glória revelou que Jesus é, de fato, o Filho de Deus.

Devemos observar que Jesus estava orando quando este notável evento aconteceu (Lc 9.29). De igual modo, nossos momentos diários de comunhão com o Senhor deveriam nos levar a irradiar a presença de Deus enquanto servimos aos outros e buscamos honrar a Cristo. Quer gostemos, quer não, em geral nosso rosto reflete o nosso caráter e as nossas atitudes. Quão maravilhoso seria se todos nós tivéssemos rostos reluzentes! Enquanto estava sendo apedrejado até a morte, Estêvão orou por seus executores e "seu rosto parecia o rosto de um anjo" (At 6.15b). Podemos usar sabão, água e cosméticos para lidar com manchas faciais, porém o melhor "tratamento de beleza" é um coração repleto de amor, uma vontade rendida ao Espírito e uma mente plena da verdade de Deus. "Ore que melhora", prega o ditado popular, mas a oração também nos melhora! Se desejamos que a glória de Deus nos transfigure, é necessário investirmos tempo de qualidade em oração.

Jesus estava prestes a enfrentar o Calvário, e sua transfiguração lembrou-lhe que o sofrimento que, em breve, ele iria suportar o levaria, por fim, à glória. Foi uma revelação da glória de seu Reino vindouro (Mt 16.27,28), quando a cruz será substituída pela coroa (Hb 2.9). Após a sua ressurreição, Jesus perguntou aos dois discípulos na estrada de Emaús: "Não devia o Cristo sofrer estas coisas, para entrar na sua glória?" (Lc 24.26). Muitos cristãos acreditam que sofrer dentro da vontade de Deus é uma contradição, pois, se estamos obedecendo a Deus, ele deveria nos proteger. Ao ouvir que o Mestre deveria morrer na cruz, Pedro respondeu: "Nunca, Senhor! Isso nunca te acontecerá!". Então, Jesus o repreendeu (Mt 16.21-23). O sofrimento é uma das ferramentas utilizadas por Deus a fim de nos preparar para a glória, não apenas hoje, mas quando Jesus retornar (1Pe 4.13).

Aqueles que confiaram em Jesus Cristo já possuem a glória do Senhor na pessoa do Espírito Santo em seu interior (Jo 17.22; 1Pe 4.14) e essa glória é irradiada na maneira como vivemos e pelos nossos atos (Mt 5.16). Ela será revelada quando chegarmos à nossa morada celestial, virmos Jesus e nos regozijarmos na presença dele. Enquanto isso, andamos pela fé, sabendo que o Senhor sempre cumpre as suas promessas. Charles Spurgeon disse que as promessas de Deus brilham com intensidade máxima na fornalha da aflição, e ele estava certo. Sofrimento e glória caminham juntos assim como a graça de Deus e a nossa dor. "O Senhor concede favor e honra" (Sl 84.11a).

Jesus e os visitantes celestiais

Não apenas o Mestre estava reluzente com a glória divina, mas também os dois homens que, repentinamente, apareceram e conversaram sobre "a partida de Jesus, que estava para se cumprir em Jerusalém" (Lc 9.31b). Os três discípulos sabiam quem aqueles homens eram porque essa era outra manifestação da glória celestial e, no céu, iremos nos conhecer uns aos outros exatamente como somos conhecidos. Moisés representava a lei e Elias, os profetas, pois em Cristo vemos o cumprimento da lei e dos profetas (Mt 5.17). "Pois a Lei foi dada por intermédio de Moisés; a graça e a verdade vieram por intermédio de Jesus Cristo." (Jo 1.17). Pelo fato de ter desobedecido ao Senhor, Moisés não recebeu permissão para adentrar a terra prometida antes de morrer (Nm 20.1-13; Dt 34.1-4), mas lá estava ele no topo do monte, em Israel, com o Filho de Deus!

A palavra traduzida como "partida" é o termo grego *exodus*, totalmente adequada para o tópico daquela conversa entre Jesus, Moisés e Elias (Lc 9.30,31). Moisés supervisionou o êxodo de Israel da escravidão egípcia, enquanto Elias liderou a nação infiel para longe da idolatria pagã, levando o povo de Israel de volta para Deus (1Rs 18). Jesus realizou o mais importante êxodo de todos, pois libertou pecadores perdidos do poder das trevas, transportando-os para o seu glorioso Reino (Cl 1.13). Nos dias de Moisés, no Egito, foi o sangue do cordeiro que protegeu os judeus do anjo da morte e capacitou-os a saírem livres. Nos dias de hoje, é o sangue do Cordeiro de Deus que nos liberta (Jo 1.29; Ef 1.7). Jesus tornou-se prisioneiro para que fôssemos libertos e, um dia, ele levará a sua noiva, a Igreja, para além das montanhas, até a glória do céu! Elias não encerrou o seu ministério com sua morte, mas foi levado ainda vivo ao céu, assim como os filhos de Deus que estiverem vivos quando Jesus retornar serão transportados para a glória depois da ressurreição dos mortos (2Rs 2.9-12; 1Ts 4.13-18). Que dia maravilhoso será esse, pois significará glória para sempre!

Testemunhar Moisés e Elias compartilhando a glória enquanto falavam com Jesus deve ter sido uma experiência encorajadora para os três discípulos, pois nem os dois profetas e tampouco os três discípulos tinham um histórico de serviço perfeito. Jesus não trouxe à tona nenhum de seus erros ou falhas, pois Deus diz de seu povo: "Porque eu lhes perdoarei a maldade e não me lembrarei mais dos seus pecados" (Hb 8.12; 10.17). Moisés e Elias tiveram ministérios a cumprir mesmo após partirem para o céu, e assim será com todos os filhos de Deus, quando estivermos diante do Senhor (Ap 22.3).

Não espero ter a visitação de Moisés e Elias, *mas eu posso visitá-los!* À medida que leio e medito nas Escrituras, posso ser auxiliado e desafiado pelos servos de Deus que agora estão no céu. Já desobedecemos ao Senhor? Igualmente eles, mas Deus os perdoou, restaurou e continuou a usá-los para sua glória. Tanto Moisés quanto Elias sentiram-se tão desencorajados em seus ministérios que desejaram a morte! (veja Nm 11.1-15 e 1Rs 19.1-18). O Senhor não os rejeitou, mas simplesmente aquietou os seus corações e lhes assegurou que a obra deles não era em vão. Muitas vezes, o Senhor tem falado comigo quando leio sobre Abraão, Davi, Rute, Jeremias e Jesus e os apóstolos. Não vivo no passado, *mas o passado vive em mim à medida que o Espírito Santo me lembra de tudo aquilo que me foi ensinado!* (veja Jo 14.26).

Jesus e os três discípulos

Esta foi a segunda vez que Jesus levou Pedro, Tiago e João consigo em um evento especial. A primeira ocorreu quando ele ressuscitou a filha de Jairo (Lc 8.51-56) e a terceira ocorreria quando Jesus foi ao jardim para orar (Mt 26.37). Tem-se enfatizado que cada uma dessas ocasiões tinha conexão com a morte. Na casa de Jairo, Jesus mostrou-se como o conquistador da morte; no monte da Transfiguração, ele foi visto glorificado na morte e, por fim, no jardim, ele rendeu-se à vontade do Pai em sua morte.

Durante os anos de seu ministério, Jesus não apenas ensinou às multidões, como também aos seus discípulos, preparando-os para os futuros ministérios que eles teriam após o Senhor retornar ao céu. Ele disse ao Pai: "Eu te glorifiquei na terra, completando a obra que me deste para fazer." (Jo 17.4). Cristo não estava se referindo à sua morte na cruz, pois ainda não havia sido preso e julgado, mas ao trabalho de treinar os discípulos. Em João 17.6-19, ele orou por seus discípulos, para que eles o glorificassem e fossem eficientes em seus respectivos ministérios. Jesus lhes dera a Palavra de Deus e ensinara sobre o Pai e o Espírito, que receberiam quarenta dias após a sua ressurreição.

Mas, por que Jesus escolheu Pedro, Tiago e João para testemunhar esse evento? Porque cada um deles teria um ministério distinto e seria exemplo a ser seguido por nós. Jesus preparou Pedro para ser um líder (Lc 22.32), Tiago para ser um mártir (At 12.1,2) e João para ser um mestre (Jo 20.30,31), e cada um de seus ministérios glorificaria ao Senhor. Tiago constituiu-se no primeiro mártir da igreja cristã e Pedro foi o líder da igreja nos anos iniciais de seu testemunho (At 1–12).

Em suas epístolas, Pedro preparou as igrejas fundadas dentro do Império Romano para a perseguição vindoura que elas enfrentariam. Durante sua longa vida, o apóstolo João foi inspirado pelo Espírito para escrever o Evangelho que leva o seu nome, três cartas e o livro do Apocalipse, sendo este último escrito quando João era prisioneiro dos romanos na ilha de Patmos. As palavras de João, na passagem de Apocalipse 1.5,6, resumem os seus escritos: "Ele que nos ama" (o Evangelho de João), "e nos libertou dos nossos pecados por meio do seu sangue" (as cartas de João), "e nos constituiu reino e sacerdotes" (o livro do Apocalipse). O ministério de ensino de João aborda o passado, o presente e o futuro.

Os três discípulos foram "dominados pelo sono" (Lc 9.32), uma falha que repetiram no jardim (Lc 22.45), mas quando Pedro despertou repentinamente, percebeu que Moisés e Elias estavam se retirando. A sua sugestão de fazer três tendas para Jesus e seus convidados era uma evidência de que sua mente ainda estava confusa porque, claramente, ele não sabia o que estava dizendo. Mas enquanto Pedro ainda falava, o Pai o interrompeu envolvendo-os com uma nuvem e falou com eles. Pedro foi interrompido aqui pelo Pai e, mais tarde, pelo Filho (Mt 17.24-27) e, ainda, pelo Espírito (At 10.44-48). Francamente, eu não gosto quando sou interrompido pelas pessoas, mas o Senhor já me interrompeu mais de uma vez, e sou grato porque ele o fez!

Se tivesse pensado com clareza e não se sentisse atemorizado, Pedro teria percebido alguns fatos. Primeiro, Moisés e Elias foram enviados para encorajar a Jesus e não para permanecerem aqui. Segundo, por que dois homens com lares celestiais desejariam viver em tendas no cume de uma montanha? Que insulto! Terceiro, Jesus estava em seu caminho rumo à cruz e nada poderia detê-lo (Lc 9.51). Quarto, na base daquele monte havia um pai desesperado com um filho endemoninhado e os demais discípulos de nosso Senhor não conseguiram ajudá-lo (claro que Pedro não teria como saber disso). Ele nem mesmo havia entendido a importância da crucificação (Mt 16.21-23)! Contudo, não vamos ser tão rigorosos com Pedro, porque não temos certeza de como teríamos reagido caso estivéssemos lá, lutando contra o sono e apavorados com uma nuvem que a todos envolvia. Jesus dirigiu-se aos três discípulos assustados, falou com eles e os tocou. Aquilo tomou conta de tudo!

No batismo de Cristo, o Pai dissera: "Este é o meu Filho amado, em quem me agrado" (Mt 3.17b). No alto do monte, ele repetiu essas palavras, porém acrescentou: "Ouçam-no!". Uma das coisas mais perigosas que podemos fazer como discípulos do Senhor é falar o que Jesus deve fazer em vez de deixar que ele fale o que devemos fazer. "Quem conheceu a mente do Senhor? Ou quem foi seu conselheiro?" (veja Rm 11.34; Is 40.13 e Jr 23.18). Deus não precisa de nosso conselho, e quando aconselhamos a outros, devemos saber o que estamos falando. "À lei e aos mandamentos! Se eles não falarem conforme esta palavra, vocês jamais verão a luz!" (Is 8.20). No entanto, Pedro compreendeu a mensagem. Leia a passagem de 2Pedro 1.12-21 e medite sobre ela.

Jesus e o Pai

Este é o segundo registro do Pai falando do céu para encorajar seu Filho. Como vimos, a primeira vez foi no batismo de Jesus, antes de o Filho dirigir-se ao deserto para ser tentado pelo diabo; e o Pai falaria novamente quando Cristo estivesse perto de seu sacrifício na cruz (Jo 12.27,28). Em ambas as situações, o Pai encorajou Jesus quando ele estava próximo de enfrentar o sofrimento e a morte. Em nossa própria jornada com o Senhor, ao longo de muitos anos, minha esposa e eu jamais tivemos de enfrentar um desafio ou crise sem antes recebermos alguma palavra de encorajamento do Senhor. Muitos esperam a crise chegar para, então, abrirem as suas Bíblias. O Senhor sempre nos dá o fortalecimento no curso de nossa leitura pessoal e diária das Escrituras. Não encontramos as promessas, mas as promessas é que nos encontram!

Durante toda a sua vida e seu ministério na terra, Jesus e seu Pai trabalharam juntos pelo poder do Espírito Santo. O Pai ama o Filho (Jo 5.20) e nos ama como ama seu Filho (Jo 17.26), e à medida que caminhamos neste amoroso relacionamento, podemos vivenciar o amor, a alegria e a paz que o Espírito concede ao nosso interior e produz por nosso meio (Gl 5.22).

Somente Jesus

Os visitantes celestiais se foram e os três discípulos "não viram mais ninguém a não ser Jesus" (Mt 17.8b). Mas Cristo era tudo o que eles precisavam ver! Moisés e Elias nada poderiam fazer por eles, mas Jesus, sim. Não há substitutos para o Filho de Deus, muito menos necessidade de complementá-lo com alguém ou qualquer outra coisa. Não é Jesus somado a Moisés, porque não somos salvos por cumprirmos a lei (Gl 2.16-21). De igual modo, não é Cristo mais Elias, pois apesar de haver ministrado a Israel, o profeta não pode ministrar a nós. Não é Jesus mais o batismo, ou a ceia do Senhor ou qualquer outra atividade, porque as nossas obras religiosas não salvam, apenas evidenciam que somos salvos.

Não há salvação sem receber Jesus pela fé e não existe satisfação genuína sem amar e obedecer a Cristo em nosso caminhar diário, buscando sempre glorificá-lo. *Não há sucesso verdadeiro na vida sem Jesus!* "Eu sou a videira; vocês são os ramos. Se alguém permanecer em mim e eu nele, esse dá muito fruto; pois sem mim vocês não podem fazer coisa alguma." (Jo 15.5). É "Jesus somente" em nosso coração, vida e ministério ou nada mais. Nada!

"Somente Jesus" não constitui apenas a mensagem da salvação e do viver cristão, como também é a chave para compreender as Escrituras e ampliar a visão espiritual. Há inúmeras bíblias de estudo disponíveis hoje, mas a chave para um coração compreender qualquer edição das Escrituras sempre será Jesus. "Então lhes abriu o entendimento, para que pudessem compreender as Escrituras." (Lc 24.45).

> Enquanto, ó Salvador, teu livro eu ler
> Meus olhos vem abrir, pois quero ver
> Da mera letra, além, a Ti, Senhor;
> Eu venho a Ti, Jesus, meu Redentor.

Essas palavras do hino *Pão da Vida*, de Mary A. Lathbury, sempre significaram muito para mim e, constantemente, lembram-me de buscar o Senhor Jesus Cristo na Bíblia e aprender mais sobre ele (como pregador e professor, a minha tendência é fazer esboços de mensagens!). Ler e estudar a história bíblica, a biografia e mesmo a teologia não é suficiente. Devemos buscar Jesus e aprender mais e mais sobre ele.

A não ser que "somente Jesus" seja o centro de nossa vida, é possível que jamais desfrutemos da plenitude do Espírito Santo, pois o Espírito foi concedido para glorificar a Cristo (Jo 16.13,14). Pessoas foram inspiradas pelo Espírito Santo a escrever as Escrituras e nos apresentar Jesus Cristo por meio do que elas escreveram. Que dia glorioso em minha vida quando aprendi que Jesus é encontrado no Antigo Testamento tanto quanto no Novo Testamento! Com frequência, incentivei meus alunos seminaristas a seguir o exemplo de Paulo que pregava "a Cristo crucificado" (1Co 1.23) independentemente do texto bíblico que estivessem pregando. William Temple, arcebispo de Canterbury (1942–1944), afirmou com propriedade: "Nossa mensagem é Jesus Cristo; não ousamos dar menos e não podemos dar mais."

"Somente Jesus" é o que concede poder ao nosso testemunho. Tenho amigos que acham que testemunhar é discutir teologia e criticar as demais denominações, mas não é. Convencer as pessoas a concordar com a sua denominação não é a mesma coisa que transmitir às pessoas que Jesus, e somente Jesus, é o

Salvador do mundo. Nosso Senhor não conduziu um debate sobre judaísmo *versus* religião samaritana ao dialogar com a mulher no poço de Jacó (Jo 4); ele simplesmente disse àquela mulher o que lhe faltava e como poderia obtê-lo. Em nosso testemunho, devemos usar as Escrituras para apresentar Cristo e a cruz, sabendo que o evangelho de Cristo é "o poder de Deus para a salvação de todo aquele que crê" (Rm 1.16b).

"Somente Jesus" é o essencial para uma oração eficaz. Orar no nome de Jesus é pedir o que ele pediria de modo que ele seja glorificado, não para sermos pacificados. Já vivi o suficiente para ser grato por uma oração sem resposta. Devemos orar para que a vontade de Deus seja feita e, assim, Cristo seja honrado em todas as coisas (1Jo 5.14,15). Mas a melhor maneira de determinar a vontade de Deus é meditar nas Escrituras e ser instruído pelo Espírito Santo. A oração se torna uma aventura em fé à medida que crescemos em comunhão somente com Jesus.

Jesus e o povo de Deus hoje

A palavra traduzida como "transfigurado", em Mateus 17.2, é utilizada em duas outras passagens no Novo Testamento e aplicada a todos os que creem hoje. Não estamos no monte da transfiguração com Jesus, mas podemos experimentar uma metamorfose em nossa própria vida hoje. Sim, Jesus tinha um rosto reluzente, assim como Moisés, muitos séculos antes (Êx 34.29,30) e Estêvão, poucos anos após Jesus haver ascendido ao céu (At 6.15). Se desejamos ser transfigurados e revelar a glória de Deus neste mundo obscuro, precisamos compreender e obedecer aos versículos a seguir, que provavelmente você já conhece. Mas, por favor, leia-os com atenção, como se nunca os tivesse lido antes. Também sugiro ler 2Coríntios 3 para ver como Paulo contrasta a glória da antiga aliança com a glória da nova aliança.

> Portanto, irmãos, rogo-lhes pelas misericórdias de Deus que se ofereçam em sacrifício vivo, santo e agradável a Deus; este é o culto racional de vocês. Não se amoldem ao padrão deste mundo, mas transformem-se pela renovação da sua mente, para que sejam capazes de experimentar e comprovar a boa, agradável e perfeita vontade de Deus (Rm 12.1,2).

> E todos nós, que com a face descoberta contemplamos a glória do Senhor, segundo a sua imagem estamos sendo transformados com glória cada vez maior, a qual vem do Senhor, que é o Espírito (2Co 3.18).

Cinco palavras resumem a essência de uma vida transfigurada (transformada):

Pertencer. "E todos nós" (2Co 3.18) inclui cada um que crê em Cristo. A vida transfigurada não está limitada a profetas como Moisés, apóstolos como Paulo ou mártires como Estêvão. Todos os que verdadeiramente creem em Jesus pertencem à família de Deus e, portanto, possuem o Espírito Santo em seu íntimo e (confio eu) as Escrituras Sagradas diante deles. Paulo deixa claro que esta vida gloriosa é puramente pela graça de Deus, pois o apóstolo contrasta a antiga aliança, dada por Moisés, com a nova aliança, estabelecida por Jesus. A antiga aliança foi escrita em pedras, porém a nova aliança foi escrita, pelo Espírito Santo, no coração de todo aquele que crê. Os cristãos são "cartas vivas" que todos podem ler (vv.1-3). A lei da antiga aliança trazia morte, mas a nova aliança nos dá vida (v. 6). A lei não pode nos salvar, mas, ao contrário, nos condena. A nova aliança, por sua vez, nos concede justiça e salvação (vv. 7-9). Havia glória na antiga aliança, porém esvanecia, enquanto a glória da nova aliança cresce "com glória cada vez maior" (v. 18) até o dia em que veremos Jesus e seremos como ele (1Jo 3.1-3). Moisés cobriu o seu rosto com um véu para que as pessoas não vissem a glória desvanecendo, mas os cristãos hoje nada têm a esconder porque temos uma perfeita posição com o Senhor (vv. 12-16; veja Êx 34.29-35). Nos dias atuais, os amigos judeus que não creem em Jesus possuem um véu em seus corações que os impede de enxergar a verdade sobre o Filho de Deus. Eles ainda estão cativos, porém os cristãos desfrutam de liberdade (vv. 15-17). Assim, se você pertence a Jesus, é possível experimentar a vida de transfiguração!

Rogar. Isso nos remete a Romanos 12.1,2, onde o Senhor nos diz que, se queremos a vida transfigurada, devemos nos entregar completamente a ele — corpo, mente, vontade e coração. A renovação de nossa mente é parte crucial do processo de transfiguração, pois, conforme pensamos, assim nos tornamos. A palavra traduzida como "rogo-lhes" também significa "exortar" e "apelar". Deus nos roga que voltemos nossa vida para ele porque o Senhor conhece os planos que tem para nós e o que perderemos caso nos rebelemos. À luz de todas as misericórdias, ele nos mostra, conforme explicado nos capítulos 1–11, que deveríamos nos render a ele e descobrir a alegria da "boa, agradável e perfeita vontade de Deus". Assim como os sacerdotes começavam cada novo dia no altar, oferecendo um sacrifício a Deus, igualmente devemos nos apresentar como *sacrifícios vivos* e, como Samuel, exclamar: "Fala, Senhor, pois o teu servo está ouvindo" (1Sm 3.9b).

Crer. Do início ao fim, a nossa existência é uma vida de fé. Foi a fé em Jesus Cristo que nos salvou (Ef 2.8,9) e, igualmente, essa mesma fé é que nos capacita a conhecer e realizar a vontade de Deus enquanto o servimos. Se depositarmos a nossa confiança unicamente em nós mesmos, receberemos apenas o que pudermos fazer. Mas, se confiarmos no Senhor e obedecermos à sua vontade, receberemos cada bênção que ele tem planejado para nós *e seremos uma bênção para as demais pessoas*. O rei Davi compreendeu esse princípio e escreveu no Salmo 31: "Como é grande a tua bondade, que reservaste para aqueles que te temem, e que, à vista dos homens, concedes àqueles que se refugiam em ti!" (v. 19). O Espírito Santo usa a Palavra de Deus para fortalecer a nossa fé, porque "a fé vem por ouvir a mensagem, e a mensagem é ouvida mediante a palavra de Cristo" (Rm 10.17).

Contemplar (2Co 3.18). O espelho é um dos muitos símbolos bíblicos da Palavra de Deus (Tg 1.22-25). A não ser que olhemos a cada dia para o espelho do Criador e contemplemos a glória de Cristo, jamais experimentaremos a vida transfigurada. A maioria das pessoas se posta à frente de um espelho diariamente, preparando-se para enfrentar o mundo exterior, e isto é sensato. Assim, também é razoável que nós, seguidores de Jesus, invistamos tempo de qualidade lendo e meditando nas Escrituras. Devemos perceber que o Espírito Santo não opera em um vácuo, mas nos ensina a partir da Bíblia, revelando-nos Jesus. Tiago nos diz que as Escrituras são um espelho para exame, de modo que devemos gastar tempo examinando-nos à luz do que lemos.

No entanto, se pararmos com esse autoexame, provavelmente enfrentaremos problemas. Assim, a próxima etapa é *restauração*. As mesmas Escrituras que revelam os nossos pecados nos ajudarão também a experimentar a nossa purificação. "Vocês já estão limpos, pela palavra que lhes tenho falado." (Jo 15.3). Ainda, Paulo escreveu que Cristo deseja santificar a sua Igreja "pelo lavar da água, mediante a palavra" (Ef 5.26b). "Como pode o jovem manter pura a sua conduta?", questiona o salmista. "Vivendo de acordo com a tua palavra." (Sl 119.9).

Porém, que conexão há entre água e um espelho? Eu certamente não lavo o meu rosto no espelho! Êxodo 38.8 fornece a resposta: a bacia de bronze no tabernáculo foi feita com espelhos de mulheres! Eles foram fundidos e moldados na forma de bacias onde os sacerdotes lavavam mãos e pés (não havia piso no tabernáculo). O autoexame e a restauração devem ser seguidos pela transfiguração de modo que a nossa face limpa irradie a glória de Deus. Não seria maravilhoso ter um espelho que removesse todas as impurezas e manchas de sua face? E não nos esqueçamos de agradecer a Deus por 1João 1.9! Entretanto, se estivermos usando uma máscara, o espelho e a bacia de bronze não nos farão bem. Davi acabou descobrindo isso, não é mesmo? (Sl 32.3-5).

Transformar. Este é o resultado de nossa contemplação: quanto mais nítido virmos Jesus nas Escrituras e o adorarmos em nosso coração, mais nos tornaremos como ele, transformados "segundo a sua imagem". Se não lograrmos progresso em nossa vida cristã, paralisamos e, então, começamos a retroceder. Deveríamos prosseguir de fé em fé (Rm 1.17), de graça sobre graça (Jo 1.16), de força em força (Sl 84.7) e de glória em glória. Somos transformados pela renovação de nossa mente (Rm 12.2), e o Senhor pode, então, liberar o seu poder transformador em nós e cumprir a sua vontade na terra. Não é suficiente apenas orar "seja feita a tua vontade, assim na terra como no céu" (Mt 6.10). Devemos estar disponíveis a fazer algo sobre isso! Muitos que professam a Cristo estão conformados e não transformados (Rm 12.2), e o Senhor não pode usá-los para fazer a diferença neste mundo necessitado. Não quero ser um bem-sucedido "formado" neste mundo, mas quero ser um vitorioso "trans-formado", tornando-me cada vez mais parecido com Jesus que "andou por toda a parte fazendo o bem" (At 10.38b).

(O espelho do evento: uma pausa para reflexão)

A glória de Deus é um tema básico no texto bíblico. A oração de Jesus, registrada em João 17, tem muito a dizer sobre a glória de Deus e seu povo. Por quê?

Como Moisés e Elias estavam conectados à glória de Deus? Como você está conectado?

Qual é a relação entre a oração e a glória divina? Como os três discípulos, você já adormeceu quando deveria estar orando?

O que acha sobre a sugestão de Pedro? Como, às vezes, cometemos o mesmo erro hoje?

Evento 6

A entrada triunfal de Jesus
Mateus 21.1-11; Marcos 11.1-11;
Lucas 19.28-44; João 12.12-19

A cidade de Nova York tem sido palco de algumas paradas históricas, três das quais se tornaram famosas pela quantidade de papel picado utilizada. Em 1927, a cidade deu as boas-vindas ao coronel. Charles Lindbergh, em seu retorno ao lar, após realizar o primeiro voo solitário sem escalas até Paris, na França. Cerca de 1.800 toneladas de papel picado foram despejadas no trajeto da parada. Em 1952, em celebração pelo retorno do Gal. Douglas MacArthur, esse número atingiu 3.249 toneladas e, por fim, para o primeiro astronauta americano, coronel John Glenn, em 1962, o peso do papel utilizado na parada foi de 3.474 toneladas.

Quando Jesus entrou em Jerusalém naquele que a tradição cristã denomina de Domingo de Ramos, Mateus nos relata que "toda a cidade ficou agitada" (Mt 21.10b). O termo grego aqui traduzido como "agitada" constitui a origem da palavra "sismógrafo", o instrumento usado para medir a intensidade de terremotos. Imagine, a chegada de Jesus em Jerusalém provocou um terremoto emocional no coração e na mente do povo, não obstante a maioria o rejeitasse.

Cristo já havia entrado e saído de Jerusalém por diversas vezes, mas a sua chegada naquele dia foi memorável porque, desta feita, ele dirigiu-se à cidade para morrer. "Aproximando-se o tempo em que seria elevado ao céu, Jesus partiu resolutamente em direção a Jerusalém." (Lc 9.51). Quando morreu na cruz, um terremoto literal sacudiu a região (Mt 27.50,51), e ainda um outro grande abalo sísmico ocorreria na tumba onde o corpo de Cristo fora colocado, na manhã da ressurreição — não para que Jesus pudesse sair, mas para que seus seguidores vissem que o Mestre não mais estava lá (Mt 28.1-10). Ao longo de seu ministério, em geral, o Senhor Jesus evitou ações que pudessem levar a uma controvérsia pública. Porém, desta feita, ele se deixou ser o centro da parada como um último esforço para alcançar seus compatriotas com a mensagem da salvação. Então, examinemos os elementos que tornaram este um evento notável e ver o que eles nos dizem hoje.

Alguns discípulos anônimos

Para que cumprisse a profecia registrada em Zacarias 9.9, Jesus precisava de uma jumenta com um jumentinho. Assim, enviou dois de seus discípulos a um vilarejo próximo, dizendo-lhes o que deveriam fazer e, então, eles retornaram com os animais. Os homens no vilarejo devem ter sido seguidores que sabiam o que Jesus planejava fazer. Não somos informados sobre quando e como isto foi arranjado e, tampouco, nos é necessário saber. O mais importante é que, quando obedecemos às instruções do Senhor, ele cuida dos detalhes. Mais tarde, Pedro e João passariam por uma experiência similar ao prepararem a ceia da Páscoa (Lc 22.7-13).

Há muitas pessoas anônimas nas Escrituras que, fielmente, serviram ao Senhor e foram recompensadas de acordo. Quem foi o menino que entregou o seu lanche a Jesus para que o Senhor pudesse alimentar aquela enorme multidão? E a menina que sugeriu ao seu mestre, Naamã, que procurasse o profeta para ser curado de sua lepra (2Rs 5)? Qual o nome do sobrinho de Paulo que salvou a vida de seu tio ao revelar um plano para matá-lo? Algum estudioso da Bíblia sabe o nome da mulher samaritana do poço de Jacó que confiou em Jesus e testemunhou à sua cidade (Jo 4)? Não é importante que nosso nome seja reconhecido, mas que Jesus seja glorificado.

Creio que a maneira como promovemos os servos de Deus hoje é, às vezes, desagradável ao Senhor. Anos atrás, em Melbourne, Austrália, o ministro da igreja foi excessivamente eloquente ao apresentar o fundador da China Inland Mission [Missão para o Interior da China], J. Hudson Taylor, culminando com "nosso ilustríssimo convidado". Subindo ao púlpito, Taylor disse: "Queridos amigos, eu sou um pequeno servo de um ilustríssimo Mestre." Se as pessoas deixam um culto de adoração ou uma apresentação musical louvando os participantes em vez de louvarem ao Senhor, então, falhamos e necessitamos de arrependimento.

Dois animais selvagens

Vamos considerar alguns aspectos interessantes com respeito à provisão dos animais. O primeiro é que os homens que estavam com os animais não fizeram qualquer protesto quando os dois discípulos desamarraram os animais e começaram a levá-los. Tudo ficou resolvido quando os discípulos disseram: "O Senhor precisa deles." Estas quatro simples palavras foram suficientes para esclarecer a questão e, sem qualquer objeção, os animais foram levados pelos discípulos que, sem dúvida, os devolveram após o evento. Como servos de Deus, não possuímos autoridade própria, mas somente aquela que nos é concedida pelo Altíssimo.

Como mencionei no capítulo anterior, o Senhor deu a Adão e Eva o domínio sobre a criação (Gn 1.26; Sl 8.6-8), mas, ao pecarem, eles perderam tal privilégio. Jesus Cristo, o Último Adão, possui esse domínio (Hb 2.6-9; Ap 1.5,6) e o exerceu naquele dia. Eu não seria louco de cavalgar um animal de carga que jamais foi montado antes, mas Jesus tinha controle perfeito. Se desejamos ter paz de mente, devemos constantemente lembrar que o Criador está no controle e o tempo dele nunca está errado. "O meu futuro está nas tuas mãos" (Sl 31.15b). Se estamos servindo conforme a vontade e para a glória de Deus, podemos ter a certeza de sua orientação, provisão e proteção.

Porém, acima de tudo, é estranho que o Criador e Senhor do universo *precisasse* de algo quando ele mesmo criou e possui todas as coisas! "Não tenho necessidade de nenhum novilho dos seus estábulos, nem dos bodes dos seus currais, pois todos os animais da floresta são meus, como são as cabeças de gado aos milhares nas colinas." (Sl 50.9,10). Ao criar nossos primeiros pais, Deus concedeu-lhes o privilégio de serem seus parceiros na administração do planeta Terra. Somos criaturas decaídas hoje, mas ainda somos responsáveis, diante do Senhor, pelo que fazemos com a sua criação. Após criar o jardim do Éden, Deus precisava de alguns jardineiros e, assim, ele designou Adão e Eva. Quando quis formar a nação de Israel, o Senhor chamou e abençoou Abraão, Sara e seus descendentes. Quando houve necessidade de um líder e libertador para os israelitas, Deus escolheu Moisés, e quando a nação invadiu Canaã, a terra prometida, Josué foi divinamente usado como o comandante do povo remanescente. O Senhor não somente busca os perdidos para a salvação, mas também procura homens e mulheres que estejam dispostos a servi-lo (Ez 22.30).

Será que Deus é capaz de cumprir a sua vontade sem a nossa ajuda? Creio que sim, mas esse não é o plano divino primário. Ele nos chama, não porque precisa de nossos serviços, mas porque nós é que necessitamos dele! Como "cooperadores de Deus" (1Co 3.9), temos o privilégio de aprender, crescer e compartilhar as bênçãos do servir. Que grande honra é conhecer a vontade de Deus e cumpri-la! O Senhor está em busca de trabalhadores *para o próprio bem deles*! Cada um de nós tem uma obra a cumprir. Ignorá-la significa privarmos a nós mesmos das bênçãos do Altíssimo e perdermos uma recompensa futura no céu. Você tem buscado a vontade do Senhor para a sua vida? Tem sido fiel em seu encontro diário com Deus para receber instruções?

Uma multidão inconsciente

Durante a revolução francesa, uma grande multidão foi vista correndo por uma avenida importante em Paris, enquanto um homem perseguia freneticamente a multidão muitos metros atrás. As pessoas nas calçadas gritaram para o homem: "Não os siga! Eles estão indo direto para a confusão!". Ao que respondeu o homem: "Tenho que segui-los! Sou o líder deles!"

Os sociólogos afirmam que não conseguem prever o que qualquer indivíduo fará, mas que conseguem antever, com razoável precisão, como as multidões reagirão. Seja esta ação motivada por medo, ganância, esperança ou egoísmo, há uma "mentalidade da multidão" que controla e une as pessoas em uma concentração em massa, quer elas tenham um líder, quer não. A multidão, naquele domingo, era composta de cidadãos de Jerusalém, engrossada por judeus e prosélitos de outras regiões da Terra Santa e do Mediterrâneo. As pessoas que perguntaram sobre Jesus — "Quem é este?" (Mt 21.10b) — eram visitantes que ainda não tinham ouvido falar sobre ele. Havia, na multidão, pessoas que tinham testemunhado a ressurreição de Lázaro e ajudaram a propagar a palavra (Jo 12.17,18). Não há registros das palavras de Lázaro, mas decerto as pessoas falaram muito a respeito dele! O fato de Lázaro estar vivo constituía um testemunho incontestável do poder de nosso Senhor, levando muitos a crerem nele (Jo 12.9-11), o que motivou os líderes religiosos a engendrarem planos para matar tanto Jesus quanto Lázaro.

É possível que essa fantástica demonstração pública tivesse algumas nuances políticas, pois alguns alimentavam a esperança de que Jesus livraria Israel da escravidão romana. A palavra "hosana", entoada pelas pessoas, significa "salve agora", e é improvável que todos estivessem se referindo a um livramento espiritual. O termo vem de Salmo 118.25,26: "Salva-nos, SENHOR! Nós imploramos. Faze-nos prosperar, SENHOR! Nós suplicamos. Bendito é o que vem em nome do SENHOR." No entanto, Jesus "veio para o que era seu, mas os seus não o receberam." (Jo 1.11). O salmista previu isso: "A pedra que os construtores rejeitaram tornou-se a pedra angular." (Sl 118.22; cf. Mt 21:40-42; At 4.11; 1Pe 2.7).

Até ali, Jesus havia ministrado por quase três anos, ensinando nas sinagogas e no templo, realizando milagres e pregando às multidões, *porém, apesar disso, as pessoas ainda não tinham certeza sobre quem ele era!* Alguns o viam como o Filho de Davi ou um profeta (Mt 21.9,11). Se conhecessem o que Zacarias escreveu sobre ele, as pessoas o teriam reconhecido como o seu Rei (Mt 21.5; Zc 9.9). Os sacerdotes e escribas, que se gabavam de conhecer as Escrituras, deveriam tê-lo identificado logo no início de seu ministério público, mas persistiram em sua ignorância. Contudo, pode-se afirmar que a percepção espiritual da multidão é melhor hoje? Receio que não. À época de Jesus, as pessoas se reuniam na Páscoa para uma festa religiosa*, mas, ainda assim, rejeitaram o próprio Cordeiro de Deus que estava entre elas!*

Ao ler a passagem de Zacarias 9.1-10, é possível ver um contraste entre dois soberanos: Alexandre, o Grande (vv. 1-8), e Jesus (vv. 9,10). O profeta descreve as conquistas de Alexandre, um líder cujo objetivo era governar o mundo, e, então, descreve Jesus, o verdadeiro Rei de Israel e o Rei dos reis. Alexandre era orgulhoso. Cristo era gentil e humilde — montado em um modesto jumento. Alexandre trouxe medo e escravidão às nações, enquanto Jesus trouxe júbilo e libertação. Cristo era justo; Alexandre ditava as próprias leis. O soberano grego trouxe morte a multidões, porém o soberano Filho de Deus concede vida eterna e paz a todos os que nele confiam. Jesus afirmou: "Eu vim para que tenham vida, e a tenham plenamente." (Jo 10.10b). As conquistas de Alexandre não perduraram, mas a vida que o Senhor Jesus nos dá é eterna.

Muitas lágrimas inesperadas

Se tivéssemos sido aclamados como Jesus foi naquele dia, provavelmente faríamos um discurso ao final, ganhando ainda mais reconhecimento. No entanto, Jesus olhou a cidade e chorou por ela. Pouco tempo antes, ele havia chorado em silêncio diante do túmulo de Lázaro (Jo 11.35), mas, desta vez, Jesus chorou alto por causa da ignorância e descrença da cidade (Lc 19.41-45).

Alguns dentre a multidão haviam gritado: "Bendito é o rei que vem em nome do Senhor!" "Paz no céu e glória nas alturas!" (Lc 19.38). Por ocasião do nascimento de Jesus, os anjos anunciaram "paz na terra" (Lc 2.13,14), mas Cristo anunciou guerra na terra (Lc 12.49-51). Não é surpresa que tenha chorado!

Os chefes dos sacerdotes e os mestres da lei confrontaram Jesus após a entrada triunfal e questionaram a sua autoridade para purificar o templo (Mt 21.12-17,23-27). Ele os silenciou com outra pergunta e, então, contou-lhes três parábolas que expunham a desobediência e a ignorância deles. A seguir, Jesus fez uma declaração que selou o julgamento deles: "Portanto, eu lhes digo que o Reino de Deus será tirado de vocês e será dado a um povo que dê os frutos do Reino." (Mt 21.43). Esse "povo" é a Igreja, "geração eleita, sacerdócio real, nação santa, povo exclusivo de Deus" (1Pe 2.9a). Alguns dos títulos que o Senhor dera a Israel eram agora atribuídos à Igreja.

Nosso Senhor sabia que Jerusalém estava destinada a ser capturada pelo exército romano, que o templo e a cidade seriam destruídos e muitos seriam mortos. Sua profecia cumpriu-se no ano 70 d.C. Jesus iniciou o seu ministério público por volta de 30 d.C., o que significa que a nação de Israel teve quarenta anos para se arrepender e voltar-se ao Senhor. Esse é o tempo que os seus ancestrais levaram para marchar do Sinai até a Terra Prometida. Aquela jornada poderia ter sido concluída em apenas onze dias (Dt 1.2), mas a descrença e a rebeldia do povo transformaram aquela travessia em uma peregrinação de 38 anos (Dt 2.14). Tais são as consequências da descrença.

Durante seu ministério terreno, Jesus jamais buscou para si o louvor dos homens como os fariseus procuravam adquirir (Mt 6.5,6; 23.1-12), mas procurou apenas e tão somente agradar ao Pai (Jo 8.29). Por vezes, ele instruiu as pessoas a quem havia curado a não contar aos outros quem lhes fizera aquele milagre e, em outras, Jesus buscou o refúgio solitário no deserto, evitando as multidões. Tivessem os líderes religiosos de Israel dado ouvidos aos ensinamentos de Cristo, estudado as Escrituras e confiado no Messias, então, o futuro deles teria sido diferente. "O Senhor [...] é paciente com vocês, não querendo que ninguém pereça, mas que todos cheguem ao arrependimento." (2Pe 3.9). "Quantas vezes eu quis reunir os seus filhos [...] mas vocês não quiseram." (Mt 23.37).

Nosso Senhor não se deixou impressionar pelo entusiástico louvor da multidão. Pelo contrário, ele chorou por Jerusalém (Mt 23.37-39), pois sabia que o julgamento do Senhor estava próximo.

(O espelho do evento: uma pausa para reflexão)

Algumas pessoas ficam aborrecidas quando seus nomes não aparecem na seção dos agradecimentos no boletim da igreja, enquanto outras se zangam porque seus nomes *são* incluídos! Você se aborrece ou fica enraivecido quando não o reconhecem ou lhe agradecem? Aprecia elogios?

Sente-se impressionado pelas pessoas famosas? Por quê? Admirá-las ajuda você a viver uma vida cristã mais satisfatória?

Jesus cavalgou até a cidade para cumprir a profecia de Zacarias 9.9. Temos certeza de que o que fazemos está autorizado pelas Escrituras? Você examina os seus pensamentos, planos e ações segundo o que a Bíblia diz?

Já ouviu oradores falarem mais sobre si mesmos do que a respeito de Cristo? Como você reagiu? Já ouvi sermões em que o nome de Jesus jamais foi mencionado! O Espírito Santo nos ajuda a glorificar a Jesus (Jo 16.14).

Você acha que o tamanho da multidão é uma medida válida do sucesso de uma reunião? Já notou que Lucas menciona o tamanho da igreja de Jerusalém nos capítulos iniciais do livro de Atos (At 1.15; 2.41; 4.4) e, então, não mais cita estatísticas sobre a multidão?

Evento 7

A prisão de Jesus no jardim
Mateus 26.36-56; Marcos 14.32-42;
Lucas 22.31-53; João 18.1-11

Os sacerdotes e mestres da lei enviaram uma multidão armada a fim de prender Jesus e levá-lo diante do conselho judeu para julgamento. O conselho já havia definido a sua culpabilidade e, portanto, a sua morte. Judas, o traidor, o tesoureiro desonesto dos doze apóstolos (Jo 12.1-8), foi à frente até o jardim. Porém, este registro bíblico da prisão do Mestre constitui muito mais do que o relato de uma ação maligna, pois é rico em imagens que revelam a pecaminosidade do homem e a benevolência de Deus.

O jardim

A história da humanidade principia em um jardim (Gn 2.8-25) e, para aqueles que confiam em Cristo, a vida será eternamente abençoada na gloriosa cidade-jardim que Jesus e Paulo chamaram de "Paraíso" (Lc 23.43; 2Co 12.4, e veja Ap 21–22). Com frequência, Jesus encontrou-se com seus discípulos no jardim do Getsêmani, na subida do monte das Oliveiras (Lc 22.39), onde ensinava àqueles homens e orava com eles. O nome "Getsêmani" significa "prensa de azeite", porque havia muitas oliveiras ali.

Além de seu valor nutricional, as azeitonas exerceram um papel importante na vida dos habitantes do antigo Oriente Próximo, porque o azeite era usado para cozinhar, na higiene pessoal, como medicação, como combustível para as candeias, na unção dos profetas, sacerdotes e reis e na oferta de sacrifícios. Era conhecido como "óleo de alegria" (Sl 45.7; Is 61.3), e ter óleo e vinho em abundância era sinal de prosperidade. Para extrair o óleo, as azeitonas tinham de ser esmagadas entre duas grandes e pesadas pedras, a chamada prensa de azeite, um símbolo de sofrimento pessoal. Isso nos lembra que, embora a vida tenha seus períodos de aflição, o Senhor pode fazer resultar algo bom do que aparenta ser mau. Primeiro o esmagamento, depois a bênção.

O cálice

Jesus, na companhia de seus discípulos, foi ao Getsêmani, instruindo oito deles a permanecerem próximos à entrada, e levou Pedro, Tiago e João consigo para o interior do jardim. Ali, por três vezes, orou "Meu Pai, se for possível, afasta de mim este cálice; contudo, não seja como eu quero, mas sim como tu queres" (Mt 26.39,42,44). Nas Escrituras Sagradas, beber o cálice simboliza aceitar obedientemente a vontade de Deus, ainda que isso envolva sacrifício e dor. Quando o Pai nos concede bênçãos e nosso cálice transborda (Sl 16.5,6; 23.5), o bebemos alegremente. Porém, ele pode nos dar uma taça amarga de disciplina para bebermos (Sl 73.10; 102.9). O cálice que Jesus beberia na cruz significaria bem mais do que a dor física, porque, na cruz, ele receberia sobre si o julgamento pelos pecados de todo o mundo (1Pe 2.24). Ele seria feito pecado por nós (2Co 5.21), uma maldição por nós (Gl 3.13), e seria abandonado pelo Pai (Mt 27.46). Este foi o "cálice" sobre o qual o Mestre orou.

Ainda assim, nosso Senhor não hesitou em beber aquele cálice, tampouco nós devemos hesitar, porque cada cálice é preparado amorosamente pelo Pai e apropriado às nossas necessidades. Se posso sinceramente declarar: "Tenho grande alegria em fazer a tua vontade, ó meu Deus; a tua lei está no fundo do meu coração" (Sl 40.8), então, receber o cálice e bebê-lo glorificará a Deus e me edificará. No entanto, se eu resistir, entristecerei o Senhor e privarei a mim mesmo da bênção que Deus havia preparado para mim. O Pai sabe exatamente o de que precisamos, o quanto necessitamos e quando devemos recebê-lo. Ele jamais comete um erro. Por vezes, em nossa descrença, achamos que estamos nos afogando em sofrimento (Sl 130), quando, na verdade, Deus nos ministra um cálice de cada vez. Devemos seguir o exemplo de Cristo, quando repreendeu Pedro por usar a espada: "Guarde a espada! Acaso não haverei de beber o cálice que o Pai me deu?" (Jo 18.11b).

Os dorminhocos

Por três vezes Jesus interrompeu a sua oração para verificar se Pedro, Tiago e João também estavam orando e, em todas as vezes, encontrou os discípulos adormecidos. Lembre-se de que houve uma experiência similar com esses mesmos discípulos no monte da transfiguração (Lc 9.32). Enquanto eles dormiam no jardim, Jesus estava orando com tamanho fervor que seu suor caía ao chão como gotas de sangue! O Pai enviou um anjo para fortalecê-lo (Lc 22.41-44) e, não obstante, algumas horas mais tarde, Pedro estaria assentado próximo ao fogo aceso pelo inimigo para manter-se aquecido! Jesus estava suando, mas Pedro estava tremendo. Há alguma lição espiritual aqui?

A amorosa admoestação de nosso Senhor constitui um bom conselho a nós hoje: "Vigiem e orem para que não caiam em tentação. O espírito está pronto, mas a carne é fraca" (Mt 26.41). No que se refere a pecar, a carne é forte, mas quanto a um viver piedoso, "a carne não produz nada que se aproveite" (Jo 6.63b). A primeira vez que a frase "vigiem e orem" é mencionada nas Escrituras está em Neemias 4.9: "Mas nós oramos ao nosso Deus e colocamos guardas de dia e de noite para proteger-nos deles." Vigiar significa manter-se acordado e alerta, enquanto orar significa confiar no auxílio de Deus para derrotarmos o inimigo. O profeta Isaías afirmou que os líderes espirituais de sua época eram como sentinelas cegas e cães de guarda mudos (Is 56.10). Mais inúteis, impossível!

Há um fenômeno do tipo "letargia carnal" que coloca cristãos indisciplinados em um espírito de paralisia. Jesus chamou a igreja de Laodiceia de "morna", e preferiria que as pessoas fossem ou frias ou quentes e, assim, conscientes de suas necessidades (Ap 3.14-19). Paulo alertou os cristãos em Roma a "despertarem do sono", se levantarem e vestirem-se, preparando-se para a batalha (Rm 13.11-14). Os soldados cristãos não devem tentar caminhar ou guerrear enquanto estão sonolentos! Em Marcos 13, Jesus descreve a condição espiritual no fim dos tempos e conclui dizendo: "Fiquem atentos! Vigiem!" (Mc 13.33a). Eis como obter a vitória sobre *o mundo*. "Vigiar e orar" nos capacita igualmente a vencer a carne (Mc 14.38), como também ao *diabo* (Ef 6.18). O apóstolo Paulo alertou os cristãos em Colossos: "Dediquem-se à oração, estejam alertas e sejam agradecidos", pois, então, Deus abrirá as portas do ministério e os adversários serão superados (Cl 4.2-4). "Portanto, não durmamos como os demais, mas estejamos atentos e sejamos sóbrios" (1Ts 5.6-11). Na Igreja de Deus não há lugar para sonâmbulos. "Como justos, recuperem o bom senso e parem de pecar" (1Co 15.34a).

O beijo

O ato de beijar é quase universalmente compreendido como uma expressão de afeto, seja essa afeição baseada em parentesco, amizade, romantismo ou discipulado. Os membros de uma família se beijam, e o rabino judeu era, normalmente, beijado por seus alunos. Quando Paulo disse aos seus amigos que eles não veriam a sua face novamente, eles choraram e beijaram o apóstolo afetuosamente (At 20.37,38). No Ocidente, em geral, os homens cumprimentam-se apertando as mãos, mas, no mundo bíblico, eles normalmente se beijavam. No entanto, nem todos os beijos mencionados nas Escrituras eram o que Paulo chamou de "beijo santo" (Rm 16.16; 1Co 16.20; 2Co 13.12; 1Ts 5.26). Simulando ser seu irmão Esaú, Jacó beijou Isaque, seu pai, e recebeu a bênção que deveria ser dada ao primogênito (Gn 27.26-29). Absalão distribuía beijos fingidos a todos os que se aproximavam e, assim, logrou capturar a coroa de seu pai, Davi (2Sm 15). Ainda, Joabe valeu-se de um beijo para assassinar Amasa (2Sm 20). No entanto, a mais infame profanação do beijo ocorreu no Getsêmani, na noite em que Judas liderou uma multidão armada ao jardim e identificou Jesus com um beijo. Jesus lhe perguntou: "Judas, com um beijo você está traindo o Filho do homem?" (Lc 22.48).

Nas ruas, sinagogas e pátios do templo, Jesus havia aparecido publicamente por quase três anos, de maneira que causa surpresa o fato de Judas ter que identificá-lo. Porém, era noite, e Cristo era conhecido por ser um operador de milagres, de modo que Judas não quis correr riscos. Será que o Senhor Jesus, ao ser beijado por Judas, lembrou-se de Provérbios 27.6? "Quem fere por amor mostra lealdade, mas o inimigo multiplica beijos." As feridas de Jesus pagaram o preço pela nossa redenção, mas os beijos de Judas selaram a condenação dele.

Judas era um dos apóstolos de Jesus Cristo e tesoureiro do grupo de discípulos, porém ele jamais nasceu de novo (Jo 6.63-71). Devemos lembrar que Judas foi controlado pelo diabo (Jo 13.2,26-27) e jamais acreditou em Cristo como seu Senhor e Salvador pessoal (Jo 13.11,18). Por que, então, ele aceitou o chamado de Jesus para se tornar um de seus seguidores? Jesus sabia, de antemão, que Judas o trairia, mas, não obstante, o escolheu e o protegeu até o fim. Tivesse Pedro sabido que Judas deixara o salão superior para trair Jesus e entregá-lo aos anciãos e chefes dos sacerdotes, decerto teria desembainhado sua espada muito antes!

Há uma teoria, que não endosso, segundo a qual Judas pensou que Jesus expulsaria os romanos, restabelecendo o reinado judeu e decidiu apoiá-lo. Afinal de contas, ele poderia ser nomeado como tesoureiro do Reino! Contudo, alguns dos outros discípulos nutriam a mesma esperança. A mãe de Tiago e João pediu a Jesus tronos especiais para os seus filhos (Mt 20.20-28), e os doze, com frequência, discutiam sobre qual deles seria o maior no Reino (Lc 9.46-48; Lc 22.24). Mesmo depois da ressurreição do nosso Senhor, os discípulos ainda perguntaram se ele restauraria naquele tempo o reino de Israel (At 1.6-8). Segundo essa tese, Judas imaginou criar uma crise a fim de forçar Jesus a utilizar seus poderes para derrotar os romanos e trazer o reino. Ao contrário do esperado, nosso Senhor submeteu-se aos judeus e romanos, indo à cruz para morrer. Na verdade, Judas não conheceu realmente o Mestre. O engano das riquezas sufocou a semente que Jesus havia plantado em seu coração (Mt 13.22). "Pois o amor ao dinheiro é a raiz de todos os males" (1Tm 6.10a).

Jesus chamou Judas de "filho da perdição" (Jo 17.12, NAA), que pode ser traduzido como "destinado à perdição". Judas roubou dinheiro dos discípulos e recebeu dinheiro dos sacerdotes, mas, no fim, acabou perdendo tudo. Ele arruinou um bom nome — Judas provém de Judá, que significa "louvor"—, perdeu seu caráter ao mentir, roubar a tesouraria e conspirar com o inimigo, e ainda perdeu a oportunidade de render-se ao Salvador. Judas era um filho do diabo, um mentiroso e assassino (Jo 8.44).

No entanto, receio que haja outros Judas em nossas igrejas hoje, falsos cristãos que jamais depositaram a confiança em Jesus Cristo. Judas ouviu Jesus ensinar e pregar, testemunhou os milagres realizados pelo Senhor e, ainda assim, o rejeitou. Quão perto esteve de experimentar a salvação e, não obstante, ele a recusou! Isso me faz lembrar de algumas palavras de encerramento da obra *O peregrino*, de John Bunyan: "pois fiquei sabendo que da porta do céu há caminho para o inferno." Tão perto e tão distante!

Quando penso em Judas Iscariotes, lembro-me de Provérbios 23.23: "Compre a verdade e não abra mão dela". Jesus é a verdade, e os demais apóstolos abriram mão de tudo para seguir o Mestre. Judas vendeu a verdade pelo preço de um escravo. Os nomes dos outros apóstolos estão escritos para a eternidade nos doze fundamentos dos muros da nova Jerusalém (Ap 21.9-14). Judas não está lá. No dicionário que consultei, o seu nome está descrito como o homem que traiu Jesus. Seu nome também é encontrado no dicionário de sinônimos associado a "traidor".

A espada

De todos os apóstolos, creio ser Pedro o meu favorito, talvez porque dolorosamente eu me identifico com a sua impaciência e sua tendência de ir direto à conclusão. Não sou digno de calçar as suas sandálias, e não gosto quando meus colegas pregadores o ridicularizam por seus erros, como se eles jamais tivessem falhado com o Senhor. Quando Jesus contou aos discípulos que seria preso e crucificado, Pedro puxou seu Mestre de lado e disse: "Nunca, Senhor! Isso nunca te acontecerá!" (Mt 16.21-23). Não nos imaginamos dando ordens ao Senhor, porém receio que todos nós já fizemos isso.

Jesus bebeu do cálice e obedeceu à vontade do Pai, Judas rejeitou a vontade do Altíssimo, mas Pedro, com sua espada, também resistiu à vontade de Deus. Se Jesus quisesse se proteger ou libertar-se, ele poderia ter pedido ao Pai por mais de doze legiões de anjos — seis mil para ele e seis mil para cada um dos onze homens que estavam com ele (Mt 26.53). Porém, aqueles setenta e dois mil soldados celestiais não eram necessários, pois o Mestre possuía a melhor proteção possível; ele estava cumprindo a vontade do Pai.

Enquanto se dirigiam ao jardim, Jesus falou aos homens com respeito às espadas, mas Pedro falhou em compreender a mensagem (Lc 22.35-38). Jesus lembrou aos seus discípulos que sempre cuidou deles enquanto ministravam juntos. No entanto, com sua morte na cruz, as circunstâncias mudariam e, então, eles deveriam estar preparados para enfrentar oposição. Os discípulos entenderam as suas palavras de modo literal e asseguraram ao Mestre que estavam adequadamente equipados com duas espadas. Pedro ficou de posse de uma delas.

Precisamos compreender que Pedro se meteu em apuros porque não estava corretamente afeito à Palavra, tampouco à vontade de Deus. O registro está em Lucas 22.31-62. Primeiramente, Pedro contestou a Palavra e gabou-se de estar pronto a enfrentar o inimigo e dar a sua vida por Jesus (vv. 31-34). Pedro achou que conhecia a si mesmo, mas negou a Jesus ao invés de defendê-lo. As pessoas que dizem "Bem, conheço o meu coração" deveriam ler Jeremias 17.9. Então, Pedro interpretou erroneamente a Palavra de Deus e achou que Jesus havia lhe ordenado usar as espadas (vv. 35-38). O seu terceiro equívoco foi desobedecer à palavra e ir dormir quando deveria estar orando (vv. 39-46). Pedro também adormeceu no monte da transfiguração e quase perdeu a oportunidade de ver e ouvir Moisés e Elias. No jardim, ele realmente não viu o anjo descendo do céu para fortalecer a Jesus.

Então, Pedro se antecipou à Palavra de Deus e quase assassinou um homem (vv. 47-53). Quando a turba surgiu, os apóstolos perguntaram: "Senhor, atacaremos com espadas?", mas ele não esperou pela resposta. Pedro fez tudo errado. Ele combateu o inimigo errado (Ef 6.10-12) com a força errada (Jo 6.63) e com o equipamento errado (2Co 10.3-6; Hb 4.12; Ef 6.17).

Juntamente com todos esses equívocos, Pedro estava com a motivação errada: estava tentando libertar Jesus! "Jesus, porém, ordenou a Pedro: 'Guarde a espada! Acaso não haverei de beber o cálice que o Pai me deu?'" (Jo 18.11). Apesar disso, Jesus perdoou a Pedro e o usou poderosamente. No dia de Pentecoste, o apóstolo brandiria a espada do Espírito e "mataria" cerca de três mil homens!

O clímax da desobediência de Pedro foi seguir o Mestre até a casa do sumo sacerdote quando Jesus havia dito aos discípulos que eles seriam espalhados (Jo 16.32). Eu já ouvi sermões criticando a atitude de Pedro por seguir "de longe" (Mt 26.58) quando, na verdade, *ele não deveria segui-lo de jeito nenhum!* No salão superior, Cristo mencionou Zacarias 13.7: "Fira o pastor, e as ovelhas se dispersarão" (Mt 26.31) e, depois, aos que o estavam prendendo, disse: "Se vocês estão me procurando, deixem ir embora estes homens" (Jo 18.8b). Jesus deixou bem claro que seus discípulos deveriam deixar o jardim imediatamente. Tivesse Pedro obedecido, provavelmente, não teria negado o Senhor por três vezes. Cada um de nós deve decidir se seguiremos em nossa vida brandindo a espada ou bebendo do cálice. Sim, há momentos em que a defesa física e as medidas legais são legítimas. Vemos isso no ministério de Paulo (At 16.35-40; At 22.22-29). No entanto, se eu sempre carregar a minha espada e combater o inimigo com as minhas próprias forças, será muito difícil beber o cálice e obedecer à vontade de Deus.

Quão gracioso foi o Senhor naquele momento crítico quando restaurou a orelha do servo do sumo sacerdote, cujo nome era Malco! (Jo 18.10). Jesus repreendeu a Pedro e reparou o dano a despeito de nem Pedro nem Malco merecerem isso. Tivesse Jesus agido de forma distinta, é possível que os soldados também prendessem a Pedro! Mesmo assim, a ação intempestiva de Pedro quase o colocou em apuros, mais tarde, quando estava se aquecendo ao lado do fogo, no pátio do sumo sacerdote, pois um parente de Malco viu o que o apóstolo havia feito no jardim e questionou-o sobre isso (Jo 18.25-30). Será que a cura de sua orelha pelo Senhor sensibilizou o coração de Malco? Teriam Pedro e Malco se reencontrado durante aqueles efervescentes dias registrados em Atos 1–12? Será que Malco se converteu a Cristo? Não conhecemos as respostas, mas cremos que Malco entendeu a mensagem.

Jesus comparou-se a um médico e comparou pecadores perdidos a pacientes enfermos (Mt 9.9-13). Ele curou o corpo de muitos doentes e até mesmo ressuscitou mortos. Tudo o que o Senhor fez constituiu uma demonstração vívida da cura espiritual que ele pode trazer a nossa vida. Vivemos em um mundo que tem rejeitado a Jesus e, não obstante, nosso dever é prosseguir convidando os "doentes" a irem ao Grande Médico, confiarem nele e serem curados em seus corações. Cristo atende em domicílio *e ele já pagou a consulta!* Jesus nos ensinou a perdoar os nossos inimigos e fazer-lhes o bem (Mt 5.41-48). De fato, ele demonstrou esse amor de maneira dramática no jardim e na cruz. "Pai, perdoa-lhes, pois não sabem o que estão fazendo" (Lc 23.34a).

Não carregamos espadas nem cortamos as orelhas de nossos oponentes, mas possuímos línguas afiadas que podem ser usadas como espadas e realizar toda sorte de danos *por meio* das orelhas das pessoas. Quão fácil é nos irritarmos e fazermos comentários cortantes que trazem dor ao coração. "Há palavras que ferem como espada, mas a língua dos sábios traz a cura." (Pv 12.18). Podemos iniciar discussões ou propagar fofocas que se espalharão como fogo na floresta, causando danos irreparáveis (Tg 3.5,6). Durante a Segunda Guerra Mundial, havia cartazes com a seguinte frase: "Loose lips sink ships" [Lábios frouxos afundam navios]. Igualmente, lábios soltos podem causar danos familiares, destruir casamentos e dividir igrejas. A nossa língua detém um grande poder. Ouvi a informação de que para cada palavra escrita no livro *Minha luta*, de Adolf Hitler, cento e vinte e sete pessoas morreram na Segunda Guerra Mundial. Salomão escreveu, em Provérbios 18.21: "A língua tem poder sobre a vida e sobre a morte", e nós fazemos essa escolha. Podemos seguir em nossa vida edificando e não destruindo, trazendo saúde e restauração aos outros, não dor.

(O espelho do evento: uma pausa para reflexão)

Jesus tinha um lugar privado no jardim do Getsêmani, onde ele e seus discípulos podiam se reunir sem serem perturbados. Lá, o Mestre os ensinava e lá eles oravam. Você tem um "lugar santíssimo" onde vive, seja em sua casa ou no campus da universidade? Fica a sós com o Senhor diariamente para meditar nas Escrituras e orar? Nosso encontro diário com o Senhor é essencial para uma vida cristã frutífera. "Vocês não puderam vigiar comigo nem por uma hora?", Jesus perguntou a Pedro, Tiago e João (Mt 26.40). Como você responderia?

Como o hipócrita Judas invadiu o jardim, assim também Satanás quer invadir o nosso encontro diário com o Senhor. Enquanto estamos meditando nas Escrituras ou orando, lembramo-nos de coisas a fazer ou que fizemos e não deveríamos. Nossa mente vagueia e, por vezes, nossos pensamentos não são nada espirituais. Tenho aprendido que esses "invasores" são, em geral, coisas em minha vida que seriamente ainda não confiei ao Senhor. Como você lida com os seus "invasores"?

Quando está sob ataque do inimigo, você se rende ao Pai, como fez Jesus, ou tenta lutar com suas próprias forças, como Pedro? Lembre-se da oração de nosso Senhor: "Meu Pai [...] não seja como eu quero, mas sim como tu queres" (Mt 26.39). Em meu tempo de oração, tenho enfrentado batalhas difíceis, mas a vitória sempre vem quando submeto tudo à vontade de Deus.

Evento 8

O julgamento e a rejeição de Jesus
Mateus 26.57-27.31; Marcos 14.53-15.20;
Lucas 22.54-23.25; João 18.12-19.16

Conforme a definição jurídica, um julgamento legal é "o ato pelo qual a autoridade judicante, após examinar os autos do processo e formar sobre ele um juízo, expõe e justifica sua decisão para a solução do conflito". Se essa definição também for aplicável aos julgamentos na antiga nação de Israel, então, nem o julgamento judaico de Jesus e tampouco o romano podem ser considerados legais.

Jesus apareceu diante dos chefes dos sacerdotes e escribas e foi "julgado" pelo fato de ter afirmado ser o Filho de Deus. Para o Sinédrio judaico, tal reivindicação constituía blasfêmia e eles já haviam decidido que Jesus deveria morrer. Ele também compareceu diante de Pôncio Pilatos, governador romano, informado pelos judeus de que Jesus havia reivindicado ser rei. "Não temos rei, senão César!", gritou a multidão, mas Pilatos sabia o quanto os judeus desprezavam os romanos, em especial o governador. Pilatos, então, interrogou Jesus e anunciou que não havia encontrado razão para que ele fosse morto. Mas, as vozes da turba de judeus prevaleceram. Por fim, Pilatos lavou as mãos e, para agradar a multidão, libertou o notório prisioneiro Barrabás, condenando Jesus à crucificação.

Vamos aprender o que for possível examinando como agiram os personagens-chave desses chamados "julgamentos".

Conspiração:
Judas procurou e negociou com os escribas e chefes dos sacerdotes

Durante a última ceia com seus discípulos, Jesus deu a Judas o pedaço de pão, dizendo: "O que você está para fazer, faça depressa [...] E era noite" (Jo 13.27, 30). Devo acrescentar que, para Judas, ainda é e sempre será noite. Ao ser preso, Cristo disse aos oficiais: "Mas esta é a hora de vocês — quando as trevas reinam" (Lc 22.53b). Judas negociou com os chefes dos sacerdotes o preço de trinta moedas de prata, quantia que recebeu provavelmente após a prisão de Jesus (Mt 26.14-16). Arrependido, Judas devolveu as trinta moedas aos líderes religiosos, enforcando-se em seguida (Mt 27.3-10).

A primeira menção à decisão do conselho judaico de matar Jesus ocorreu após o Filho de Deus ter curado um homem na sinagoga em pleno sábado (Mt 12.9-14). Para os líderes religiosos, curar no sábado era macular aquele dia e, dessa ocasião em diante, os sacerdotes e escribas decidiram aguardar uma hora apropriada para prendê-lo. Assim, tornou-se fato conhecido o desejo dos líderes religiosos de o matarem. (Veja Jo 5.18; 7.1,19, 25; 8.37; 11.16, 47-57 e 12.19.)

A liderança religiosa do povo judeu se encontrava em um nível muito baixo. Havia dois sacerdotes, Caifás, e seu sogro, Anás. O primeiro era um saduceu, que não acreditava na ressurreição do corpo humano ou na existência de anjos e espíritos. Quando Jesus foi levado a Pilatos, os líderes recusaram-se a entrar no edifício do governo romano para não serem contaminados cerimonialmente pelos gentios pagãos. Para eles, manter as tradições de um dia sagrado era mais importante do que falar a verdade ou dar a um prisioneiro inocente um julgamento justo (Jo 18.28).

No entanto, Pilatos sabia que os líderes religiosos desejavam destruir a Jesus por causa da inveja que sentiam dele, de sua popularidade entre o povo, de seus incríveis milagres e seu notável conhecimento da Palavra de Deus (Mt 27.18). Por mais que o observassem ou mais astutamente o questionassem, nada era encontrado para condená-lo e, se eles o prendessem, temiam criar um distúrbio entre o povo. Dessa forma, os sacerdotes e escribas ficaram muito satisfeitos quando Judas revelou-se um traidor e solucionou os seus problemas. Primeiramente, Jesus foi levado a Anás, sendo agredido pelos soldados e, então, a seu genro, Caifás (Jo 18.13-24).

Quão triste foi para o povo escolhido por Deus ter líderes religiosos tão carnais, porém desde o início do sacerdócio judaico oficial houve líderes que pecaram. O primeiro sumo sacerdote foi Arão. Seus dois filhos, Nadabe e

Abiú, foram mortos pelo Senhor porque entraram no tabernáculo com fogo profano (Lv 10). Durante o reinado de Acaz, o rei visitou a cidade de Damasco e viu um altar pagão que muito admirou. Assim, ele ordenou a Urias, o sumo sacerdote, que fizesse uma réplica daquele altar. Desafiando a Palavra de Deus, Urias obedeceu à ordem do rei e colocou o novo altar no templo, empurrando para o lado o verdadeiro altar dedicado ao Senhor (2Rs 16.10-15). Nos dias de Neemias, o sacerdote Eliasibe permitiu que Tobias, um inimigo de Israel, utilizasse uma das salas de depósito no templo (Ne 13.4-14). Ao descobrir tal fato, Neemias jogou fora todos os móveis e pertences pessoais de Tobias e restaurou a sala para uso do povo de Deus. Igualmente, Neemias lidou com o filho de um dos sacerdotes que se casara com uma mulher pagã (Ne 13.23-29). Ao lermos os dois capítulos iniciais de Malaquias, vemos quão infiéis os sacerdotes eram e como os pecados cometidos por eles impediram o Senhor que desejava abençoar o seu povo.

Porém, antes de condenarmos os antigos israelitas, vamos examinar as igrejas de nossos dias e ver o quanto somos obedientes em nossa obra. Que tipo de pessoas permitimos utilizar as dependências dedicadas ao culto do Senhor? A "mobília espiritual" é construída de acordo com os projetos do Senhor ou segundo os planos desenvolvidos pela multidão que não conhece a Deus? Como o rei Acaz, estamos copiando nossos planos do mundo, e são eles melhores que os projetos imaginados pelo Senhor? Moisés foi instruído por Deus com as seguintes palavras: "Faça o tabernáculo de acordo com o modelo que lhe foi mostrado no monte." (Êx 26.30; veja também Êx 25.40; Êx 39.42,43; At 7.44 e Hb 8.5). Quando o Senhor repete uma verdade muitas vezes, é melhor prestarmos atenção.

A prisão de Jesus deu a falsa impressão de que o inimigo obteria sucesso, porém ele disse aos seus captores: "Mas esta é a hora de vocês — quando as trevas reinam" (Lc 22.53b). Qualquer ato ou plano contra Deus, desenvolvido por Satanás, está fadado ao fracasso final. A conspiração obteve êxito temporário, e o conselho votou o pedido aos oficiais romanos quanto à crucificação de Jesus. A princípio, parecia que o príncipe das trevas estava vencendo, mas essa impressão era falsa. O Calvário significou vitória e não derrota, pois na cruz Jesus "tendo despojado os poderes e as autoridades, fez deles um espetáculo público, triunfando sobre eles na cruz" (Cl 2.15). Martinho Lutero disse:

> Se nos quisessem devorar
> Demônios não contados,
> Não nos poderiam assustar,

Nem somos derrotados.
O grande acusador
Dos servos do Senhor
Já condenado está:
Vencido cairá
Por uma só palavra.

Concessão:
Pôncio Pilatos entra e sai do Pretório, buscando uma brecha legal

A única demanda feita pelos romanos aos seus governos locais era que eles mantivessem a paz e a unidade entre os seus governados. Essa exigência visava ao bem do império, à glória do imperador e à proteção do próprio governador. Porém, devido aos milhares de visitantes em Jerusalém, oriundos de muitas regiões, para a celebração da Páscoa, qualquer coisa podia acontecer naquela manhã. Pilatos foi despertado bem cedo para lidar com uma delegação de judeus sobre um caso envolvendo pena de morte: Jesus de Nazaré. Os integrantes da delegação não entraram no edifício do governo romano para não serem contaminados cerimonialmente pelos gentios e, assim, poderem participar da Páscoa. Por conseguinte, Pilatos saiu para encontrar-se com os judeus. Ao lermos a passagem de João 18.29–19.16, notamos Pilatos fazendo, pelo menos, sete movimentos distintos, saindo e retornando ao Pretório, evitando a cada vez tomar uma decisão sobre Jesus. Os estadistas fazem a coisa certa; os políticos, a coisa segura.

Os sacerdotes e escribas sabiam que não conseguiriam influenciar Pilatos se falassem em termos teológicos, de maneira que acusaram Jesus de ser um perturbador da ordem política. "Encontramos este homem subvertendo a nossa nação. Ele proíbe o pagamento de imposto a César e se declara ele próprio o Cristo, um rei" (Lc 23.2). As três palavras, "imposto", "César" e "rei", de imediato atraíram a atenção do governador. A afirmação dos judeus sobre César e impostos era mentirosa (veja Lc 20.22-25), e Jesus não era o tipo de rei que César costumava temer. Ao interrogar Jesus, Pilatos perguntou que tipo de reino ele governava, e o Senhor respondeu claramente que seu Reino era espiritual e pessoal, não político ou deste mundo. Nosso Senhor não era como um ditador romano ou mesmo como um dos governantes da dinastia herodiana daqueles dias (Jo 18.36,37; veja Jo 17.6,11,16). Pilatos ficou chocado porque Cristo não respondeu à acusação dos sacerdotes e escribas e nem sempre respondeu às suas perguntas. Jesus estava debaixo da vontade de Deus e nada tinha a temer dos sacerdotes ou dos políticos.

Quando Pilatos soube que Jesus viera da Galileia, ele teve a certeza de haver descoberto uma brecha legal, de modo que enviou Cristo a Herodes Antipas, o homem que mandara decapitar João Batista (Lc 23.7-12). Herodes ficou feliz em conhecer Jesus, não porque desejasse receber auxílio espiritual, mas porque esperava ser entretido por um dos milagres de nosso Senhor. Ele lhe fez muitas perguntas, mas o Senhor permaneceu em silêncio. Deus enviara João Batista a fim de advertir Herodes sobre sua vida pecaminosa e este, atendendo a um pedido da filha de sua esposa ilegítima, que odiava João, mandou matá-lo (Mc 6.14-29). Ao assassinar o profeta, Herodes silenciou a voz de Deus e foi esta a razão de Jesus nada responder a ele. Então, os homens de Herodes zombaram de Jesus e colocaram sobre ele um majestoso manto, enviando o Senhor de volta a Pilatos. Aquela situação reuniu Herodes e Pilatos, restabelecendo a amizade entre ambos, que se quebrara. O mundo une-se no amor ao pecado e no ódio a Jesus, bem como aos que pertencem a ele.

Pôncio Pilatos tentou valer-se de outro estratagema. Ele disse aos sacerdotes judeus que não havia encontrado culpa em Jesus por nenhum crime, tampouco o rei Herodes. O governador lembrou-os do costume romano de libertar um prisioneiro por ocasião da Páscoa, dando-lhes a oportunidade de escolher entre Jesus e um notório prisioneiro, por nome Barrabás, acusado de assassinato e insurreição. Pilatos não tinha ciência da ignorância da multidão ou da influência dos líderes judeus que a instigaram, porque o povo gritou por Barrabás. (A propósito, esta não é a mesma multidão que gritou "Hosana" naquele domingo, pois estava sob controle dos líderes religiosos.) Esta turba votou pela libertação de Barrabás!

Pilatos, então, mandou açoitar Jesus com chicotes equipados com pedaços de metal e ossos nas extremidades, uma punição terrível. Ainda, os romanos colocaram sobre Jesus um manto de púrpura e uma coroa de espinhos em sua cabeça. Apelando para a piedade da multidão, Pilatos apresentou-lhes o "rei Jesus", mas as pessoas apenas gritavam mais alto por Barrabás! O governador declarou Jesus inocente e procurou libertá-lo (Jo 19.12), mas a multidão respondeu clamando: "Mata! Mata! Crucifica-o!" (v. 15a). O mundo escolhe criminosos condenados e rejeita o Redentor inocente. O mundo permanece o mesmo.

No tocante à decisão por seguir a Jesus, não há lugar para concessões. Infelizmente, Pilatos aprendeu esta verdade muito tarde, se é que a aprendeu. Judas contentou-se em trair Jesus e Pilatos preferiu agradar ao povo (Mc 15.15), cooperando com os desejos malignos deles. Pilatos, o homem, tinha diante de si uma escolha e não poderia evitar Jesus, a despeito de qualquer tentativa que fizesse. Pilatos, o governador, lutou contra a sua consciência e tentou todos os recursos para lavar o sangue de Jesus de suas mãos, mas fracassou. Ele entrava e saía do Pretório, interrogando Jesus e ouvindo o clamor da multidão. Então, decidiu que o melhor era "pegar o caminho mais fácil", que se mostrou o pior.

Apocalipse 21.8 enumera os tipos de pessoas cujo destino final será o lago de fogo. Os primeiros da lista são "os covardes".

Compaixão:
"Então os soldados encarregaram-se de Jesus" (João 19.16b)

Judas estava envolvido em uma conspiração e saiu quando "era noite" (Jo 13.30). Pilatos estava tentando acomodar a situação e, por isso, entrava e saía do palácio na esperança de encontrar uma solução pacífica para seu dilema. Agora, à medida que meditarmos no solene e crucial evento da marcha de nosso Senhor rumo à cruz, vamos deixar de lado as tradições que não são apoiadas pelas Escrituras. Em vez disso, abracemos os fatos registrados, buscando as verdades espirituais por trás de tais fatos, guardando-as no coração.

Os chamados "julgamentos" estavam agora encerrados. Jesus havia sido declarado culpado e os soldados o levaram do Pretório romano a um lugar denominado Calvário. "Como um cordeiro foi levado para o matadouro" (Is 53.7b). Ele iniciou a sua marcha no Pretório, carregando em seus ombros a cruz em que morreria (Jo 19.17). Ao carregar o pesado objeto de madeira, Cristo estava anunciando a todo o mundo que ele, Jesus de Nazaré, era um criminoso! Claro que isso era uma mentira.

Então, algo notável aconteceu. Tão logo a procissão deixou o palácio romano, os soldados obrigaram Simão de Cirene a carregar a cruz (Lc 23.26)! Os soldados romanos tinham autoridade para "recrutar" cidadãos para qualquer tarefa útil (Mt 5.41), mas a escolha de Simão não constituiu uma mera coincidência. Ele havia viajado cerca de 1.300 quilômetros até Jerusalém para participar da Páscoa, tendo-se hospedado a pouca distância da cidade. Decerto, ele não fazia a menor ideia de que, ao atravessar a entrada de Jerusalém, seria envolvido em um evento de crucial significância a ponto de ter seu nome registrado nas Escrituras e ser tema de discussão no mundo todo durante séculos e séculos por vir. No entanto, o fato mais importante é este: Jesus não carregou a sua cruz em público, do Pretório até o Gólgota, *porque ele não era culpado!* Na verdade, Cristo era o imaculado Cordeiro de Deus que daria a sua vida em troca da nossa salvação.

Os que creem hoje não podem literalmente carregar a cruz de Cristo, dia após dia, noite após noite, porém nós *podemos* carregar a cruz para Cristo. O verdadeiro discipulado inclui mais do que estudar a Bíblia, orar e encontrar-se com outros cristãos. O discipulado genuíno significa a identificação pública com Jesus, a "participação em seus sofrimentos" (Fp 3.10) e a disposição de morrer pelo que ele almejou para nós. "Sigam-me, e eu os farei pescadores de homens" (Mt 4.19). Jesus disse: "Se alguém quiser acompanhar-me, negue-se a si mesmo, tome a sua cruz e siga-me" (Mt 16.24b).

Porém, voltemos a Simão de Cirene. Como ele se encaixa nesta narrativa? Decerto, você recorda que Simão Pedro vangloriou-se de estar pronto para ser preso e morrer por Jesus, mas agora que o Mestre estava indo ao Calvário, aquele discípulo não era visto em lugar nenhum. Simão Pedro foi substituído por um visitante desconhecido, de uma terra distante, Simão de Cirene. Marcos 15.21 nos relata que Simão de Cirene era "pai de Alexandre e de Rufo", cristãos que se tornaram conhecidos e apreciados na igreja primitiva. Ainda, em Romanos 16.13, Paulo menciona um cristão chamado Rufo, cuja mãe havia ministrado ao apóstolo de maneira especial. Simão não apenas *carregou* a cruz para Jesus, como também *confiou* no Salvador, retornando a sua casa e levando a sua esposa e filhos à fé em Cristo. Aquela família tornou-se conhecida entre as igrejas. O que havia começado como uma experiência humilhante para Simão de Cirene terminou como uma grande bênção para ele, sua família e outras pessoas, até mesmo nos dias de hoje! Somente Deus é capaz de transformar uma maldição em bênção (Dt 23.5; Ne 13.2).

Lucas relata que um grande número de pessoas seguia a procissão rumo ao Calvário, entre elas um grupo de mulheres que choravam (Lc 23.27-31). Elas não são identificadas como seguidoras de Cristo, mas provavelmente eram mulheres que visavam a encorajar as vítimas condenadas. Nem todos na cidade eram insensíveis. Lucas era um médico com um coração empático. Ao ler o Evangelho de Lucas é possível notar que ele menciona mulheres com frequência. Jesus ouviu aquele grupo de mulheres chorando e parou para falar com elas. Sua mensagem básica foi: "Filhas de Jerusalém, não chorem por mim; chorem por vocês mesmas e por seus filhos! Pois chegará a hora em que vocês dirão: 'Felizes as estéreis, os ventres que nunca geraram e os seios que nunca amamentaram!'" (Lc 23.28,29).

A imagem da árvore verde e da árvore seca origina-se de um antigo ditado popular para o qual Jesus deu um significado profético. Durante os três anos de ministério público de nosso Senhor, Israel foi abençoada de maneira especial. Porém, os líderes da nação rejeitaram o Filho de Deus e pediram pela sua morte. Se Deus permitiu que seu Filho inocente (a árvore verde) fosse crucificado, o que ele fará com aqueles que são culpados do grande pecado da rejeição e crucificação dele? A nação judaica era como uma árvore seca que merecia ser consumida pelo fogo. Cerca de quarenta anos mais tarde, o general Tito e os exércitos romanos cumpriram essa profecia, quando atacaram Jerusalém e muitas mulheres e crianças sofreram severamente. Em Lucas 13.34,35 e 19.41-44, nosso Senhor já havia falado sobre esse julgamento vindouro. Judas buscou agradar a si mesmo e perdeu tudo. Pilatos preferiu agradar o povo e crucificou o Filho de Deus. Jesus sempre fez o que agradava ao Pai (Jo 8.29) e trouxe salvação. O mundo rejeita Cristo e pede por Barrabás. O mundo rejeita aqueles que seguem Jesus (Jo 17.14), mas ele está conosco e nos concederá a vitória final.

(O espelho do evento: uma pausa para reflexão)

Jesus sabia o que deveria fazer para cumprir a vontade do Pai, e ele o fez. Foi humilhado, chicoteado e crucificado, pagando o preço pela nossa salvação. Você agradeceu a ele por isso? Expressa sua gratidão com frequência ou apenas quando participa da ceia do Senhor? Paulo gloriava-se na cruz (Gl 6.14) e assim também nós deveríamos fazer.

Há regiões neste mundo onde os cristãos estão sofrendo como Cristo sofreu, com prisões injustas, confinamento e julgamentos, bem como com humilhações, falsas acusações, tortura física e, até mesmo, morte. Você ora por eles? Como reagiríamos se enfrentássemos uma perseguição desse nível? Temos vergonha de Jesus? Deus proíbe!

Estatísticos nos relatam que mais cristãos foram martirizados no século 20 do que em todos os séculos anteriores somados. Pedro advertiu as igrejas do primeiro século que a perseguição estava se aproximando, e ela veio (1Pe 4.12-19). Deus tem um julgamento reservado para os pecadores perdidos, mas ele começa primeiro pela casa de Deus (v. 17). Estarão os cristãos nas igrejas atuais preparados para isso? Você está?

Judas cometeu suicídio, mas os demais discípulos fugiram para salvar as suas vidas, que foi exatamente o que Jesus lhes disse para fazer (Zc 13.7; Mt 26.31,32). Mais tarde, eles se encontraram com o Senhor ressurreto, que lhes ensinou pessoalmente até ascender para a glória (At 1.1-11). Podemos criar uma confusão, mas quando o Cristo vivo está em ação, somos perdoados e recebemos sabedoria e poder para cumprir a sua vontade para a sua glória. O eminente pregador escocês, Alexander Whyte, afirmou: "A vida cristã vitoriosa é constituída de uma série de recomeços." Você já recomeçou?

Evento 9

A crucificação de Jesus
Mateus 26-27; Marcos 14-15; Lucas 22-23; João 18-19

Cada evento que visitamos com o Mestre, no fim das contas, nos conduz a Jerusalém e ao Calvário, porque ele nasceu para morrer por nossos pecados. "Agora meu coração está perturbado, e o que direi? Pai, salva-me desta hora? Não; eu vim exatamente para isto, para esta hora." (Jo 12.27). Logo no início do ministério de Cristo, o batismo dele retratou a morte, o sepultamento e a ressurreição. Ainda, no monte da transfiguração, Jesus, Moisés e Elias discutiram a crucificação que se aproximava. Enquanto ministrava de um lugar ao outro, ele sabia que o seu destino era o Gólgota. "Aproximando-se o tempo em que seria elevado ao céu, Jesus partiu resolutamente em direção a Jerusalém." (Lc 9.51). Satanás tentou-o com alternativas, Pedro colocou-se contra a sua ida à cruz (Mt 16.21-28) e seus seguidores não conseguiam entender a conexão entre sofrimento e glória (Lc 24.13-27). Porém, se você retirar a cruz das Escrituras, nada é deixado para pecadores ou santos. Oswald Chambers escreveu: "A pedra fundamental para todo o tempo e a e'ternidade, da qual depende todo o propósito de Deus, é a cruz."[1]

Anos atrás, o Dr. A. W. Tozer nos alertou sobre uma popular "nova cruz" que eliminava o sacrifício, a separação do mundo e o sofrimento por causa de Jesus. Ele escreveu em sua obra *A conquista divina*: "[...] a velha cruz

---

[1] CHAMBERS, Oswald. *Approved unto God*. Fort Washington, PA: Christian Literature Crusade, 1973. p. 39.

matou todos os homens, a nova cruz os entretém. A velha cruz condenou; a nova cruz diverte. A velha cruz destruiu a confiança na carne; a nova cruz promove a confiança na carne. A velha cruz trouxe lágrimas e sangue; a nova cruz traz risos."[2]

Ao entrar em uma igreja, no dia do Senhor, um homem da recepção recebeu-me com um amplo sorriso, entregou-me o programa do culto e disse: "Entre e divirta-se!". Inconscientemente, ele estava promovendo a nova cruz. Quando Jesus ascendeu ao céu, ao trono do Pai, levou consigo as feridas (não "cicatrizes") em seu corpo. O povo de Deus no céu será eternamente relembrado de que o caminho da glória não foi barato. Nenhum verdadeiro cristão se divertiu no Gólgota.

Talvez a melhor maneira de lidar com este assunto seja responder a cinco questões básicas.

Quem morreu?

A parte condenada foi Jesus Cristo, o Filho de Deus. Ele não cometeu pecado algum, não violou nenhuma lei, não provocou distúrbios, não feriu ninguém, mas ajudou a muitos. Ele fez o bem por onde andou (At 10.38), proclamou as boas-novas do Reino de Deus e "a grande multidão o ouvia com prazer" (Mc 12.37b). No entanto, os líderes religiosos de Jerusalém opuseram-se ao seu ministério, rejeitaram a sua mensagem e invejaram o seu sucesso com o povo (Mt 27.18). Assim, eles engendraram a sua prisão, condenação e execução. À medida que lemos o Evangelho de João, podemos notar a fé dos discípulos crescendo, assim como a descrença e a hostilidade dos líderes religiosos. O clímax ocorreu no Calvário. Quando os líderes receberam a notícia da morte de Jesus, imaginaram ter conseguido uma grande vitória, mas, na verdade, eles é que eram os perdedores!

João escreveu o seu Evangelho visando a afirmar e defender o fato de que Jesus Cristo é o Filho de Deus e o Salvador do mundo (Jo 20.30,31). Ainda no início da igreja primitiva, falsos mestres lograram infiltrar-se nas comunidades e passaram a desviar as pessoas (2Pe 2). Seus sucessores ainda estão entre nós.

João cita inúmeras testemunhas dignas de total confiança que declararam que Jesus é o Filho de Deus encarnado. João Batista afirmou: "Eu vi e testifico que este é o Filho de Deus" (Jo 1.34). Natanael, um dos apóstolos do Senhor, declarou: "Mestre, tu és o Filho de Deus, tu és o Rei de Israel!" (Jo 1.49b).

---

[2] TOZER, A. W.. *A conquista divina*. 2. ed. São Paulo, SP: Mundo Cristão, 1987.

Ainda, Pedro, o discípulo líder, disse a Jesus: "Nós cremos e sabemos que és o Santo de Deus" (Jo 6.69). Marta, irmã de Lázaro e Maria, chamou-o de "Cristo, o Filho de Deus" (Jo 11.27), e o próprio Jesus afirmou que era o Filho de Deus (Jo 3.18; 5.25; 9.35; 10.36; 11.4). Até mesmo o Pai, falando do céu, identificou o seu amado Filho (Mt 3.17; 17.5), bem como os demônios sabiam quem Jesus era e abertamente admitiram isso (Lc 4.41).

O fato de que o Todo-poderoso, o Criador do universo, se humilharia e viria a este mundo para morrer por pecadores perdidos constitui uma verdade incrível. A fim de nos auxiliar a manter essa maravilhosa verdade viva em nosso coração, Jesus instituiu a ceia do Senhor, instruindo-nos a realizá-la em memória dele (1Co 11.23-26). Quanto mais você considera quem Jesus é e o quanto ele sofreu para cumprir a sua obra durante aquelas seis horas em que permaneceu pendurado entre o céu e a terra, mais o plano divino da salvação se torna extraordinário. Quero relembrar a *vida* de meus amados e não a sua morte, mas não teria vida espiritual alguma em mim se Jesus não tivesse morrido por mim. Cristo morreu a nossa morte por nós a fim de compartilharmos a sua vida com ele e viver para a sua glória. Não sei quem primeiro falou isso, mas espero jamais esquecer essa frase.

Como Jesus morreu?

O substantivo "cruz" é encontrado 27 vezes no Novo Testamento; o verbo "crucificar", 46 vezes em suas formas variadas. Jesus foi ilegalmente preso e julgado. Então, foi humilhado, açoitado e, por fim, levado e pregado a uma cruz romana. Incitada pelos líderes religiosos, a multidão de judeus gritou para Pilatos: "Mata! Mata! Crucifica-o!" (Jo 19.15a). As pessoas não entenderam que essa forma de morte havia sido decretada desde a eternidade. Moisés (Dt 21.22,23; veja também Gl 3.13; At 5.30; 1Pe 2.24) e Davi (Sl 22.1-21) fizeram referências à crucificação. No entanto, isto é incomum, porque os judeus apedrejavam até a morte aqueles considerados culpados de crimes capitais. Os romanos decapitavam os criminosos condenados, mas copiaram a crucificação dos fenícios. Era costume anunciar o crime cometido em uma placa fixada acima da cabeça do crucificado. Pôncio Pilatos, governador romano, mandou pregar esta placa: "JESUS NAZARENO, O REI DOS JUDEUS." Os líderes religiosos judeus se ressentiram desses dizeres e tentaram persuadir Pilatos a trocar a inscrição, porém, desta feita, o vacilante governador exibiu inesperada coragem e manteve a placa (Jo 19.17-22). Quando ao Senhor Deus não é permitido governar, ele prevalece e sempre cumpre os seus propósitos.

Poderíamos examinar minuciosamente os aspectos físicos desumanos da crucificação, mas esta não seria uma experiência edificante, pois se tratava de uma forma extremamente dolorosa de morte. O mais importante é que Jesus foi "obediente até a morte, e morte de cruz!" (Fp 2.8b), cumprindo a obra que o Pai lhe havia confiado. Ele gritou: "Está consumado!" (Jo 19.30a). O tempo verbal significa "está terminado, permanece terminado e sempre estará terminado". É de crucial importância relembrar que Jesus não morreu porque os soldados romanos o mataram, mas porque *ele voluntariamente deu a sua vida por nós*. "Eu dou a minha vida para retomá-la", afirmou Jesus. "Ninguém a tira de mim, mas eu a dou por minha espontânea vontade" (Jo 10.17,18). Em três ocasiões, Jesus disse que seria "levantado", o que constitui uma referência direta à sua crucificação (Jo 3.14; 8.28; 12.32-34). Por favor, relacione estas três referências ao que Jesus expressou em João 14.6.

Permita-me citar agora (e nós discutiremos isso mais tarde) que a crucificação é uma forma de morte que você não pode realizar sozinho. As pessoas podem dar um tiro em si mesmas, se envenenar, se afogar, se enforcar, se jogar do alto de um local elevado, se intoxicar com gás, deixar de comer, se jogar na frente de um carro ou máquina em movimento ou sufocar a si mesmas, mas elas não conseguem crucificar-se. Jesus rendeu-se voluntariamente ao Pai e bebeu o cálice que estava preparado para ele (Jo 18.10,11). Isto é de extrema importância para todo aquele que crê no tocante a obter a vitória sobre o mundo, a carne e o diabo.

Quando Jesus morreu?

Jesus morreu na Páscoa, no dia em que os cordeiros eram imolados e os judeus peregrinos comemoravam a libertação de seu povo da escravidão egípcia. Debaixo da antiga aliança, os cordeiros morriam pelo povo; porém, sob a nova aliança, o pastor é que morreria pelas ovelhas! Isaque perguntou ao seu pai, Abraão: "As brasas e a lenha estão aqui, mas onde está o cordeiro para o holocausto?". A resposta de Abraão agita o meu coração: "Deus mesmo há de prover o cordeiro para o holocausto, meu filho" (Gn 22.7,8). A imediata provisão foi um carneiro que tomou o lugar de Isaque no altar (Gn 22.13), mas a suprema resposta foi Jesus Cristo, o Filho de Deus, e ele é insubstituível.

A sequência do "cordeiro", no relato bíblico, é fascinante: "Onde está o cordeiro?", indagou o jovem Isaque. "Vejam! É o cordeiro de Deus", bradou João Batista (Jo 1.29b). "Digno é o Cordeiro que foi morto", cantaram os santos e anjos no céu (Ap 5.12a). As instruções originais para a celebração da Páscoa encontram-se no capítulo 12 do livro de Êxodo, e elas claramente mostram que a fé no Cordeiro deve ser pessoal. Está escrito, "um cordeiro" (v. 3), "o cordeiro" (v. 4, ARA), "o qual tomareis das ovelhas ou das cabras" (v. 5, ACF). O animal tinha que ser sem defeito (v. 5) e Pedro nos informa que Jesus atendia a tais qualificações (1Pe 1.18,19). Jesus Cristo, o Filho de Deus, é o *seu* Cordeiro?

O cordeiro pascal era selecionado no décimo dia do mês e cuidadosamente examinado e observado até o décimo quarto dia para assegurar a ausência de defeitos. E, então, era sacrificado (Êx 12.3,6). O povo judeu e seus líderes religiosos dispuseram de três anos para observar Jesus e ouvir os seus ensinamentos, *e nenhuma falha puderam encontrar nele*. "Qual de vocês pode me acusar de algum pecado?", Cristo perguntou à multidão (Jo 8.46a); e ninguém o acusou. No assim denominado julgamento, os líderes dependeram de falsas testemunhas para condená-lo (Mt 26.59-66). Por três anos, eles rejeitaram a verdade das palavras de Jesus, o seu testemunho fiel (Ap 1.5), e, igualmente hoje, muitas pessoas estão cometendo o mesmo erro.

Por que Jesus morreu?

O evangelho assim responde: "Cristo morreu pelos nossos pecados, segundo as Escrituras, foi sepultado e ressuscitou ao terceiro dia, segundo as Escrituras" (1Co 15.3b,4). O versículo de João 3.16 é tão familiar que muitos cristãos têm perdido o esplendor de seu significado, mas suas palavras contam claramente a história: Deus ama os pecadores perdidos, Cristo morreu para salvar os pecadores perdidos e essa salvação é experimentada quando pecadores perdidos depositam a sua fé em Jesus Cristo. Os que não creem perecerão; os que creem terão vida eterna. Eis por que Jesus morreu.

Jesus ficou seis horas pendurado na cruz, e do meio-dia às três horas da tarde, houve trevas sobre toda a terra. Ao fim daquele período, Jesus bradou em alta voz: "Meu Deus! Meu Deus! Por que me abandonaste?" (Mt 27.45,46). As trevas foram uma forma de lamento da criação pela morte do Criador ou para proteger Jesus do escaldante sol? Jesus disse aos homens que o prenderam no jardim: "Mas esta é a hora de vocês — quando as trevas reinam" (Lc 22.53b). Mais de um estudioso da Bíblia acredita que o diabo estava em ação naquelas trevas quando o Pai e o Filho concluíam o grande plano da salvação. Quando, na cruz, Jesus foi feito pecado por nós (2Co 5.21; 1Pe 2.24), por um instante o Pai desviou o seu rosto do Filho, e Jesus obteve a vitória sobre Satanás, o pecado e a morte! "Pois ele nos resgatou do domínio das trevas e nos transportou para o Reino do seu Filho amado" (Cl 1.13).

Lucas 23.45 nos relata que, naquele exato instante, "o véu do santuário rasgou-se ao meio". Esse véu ficava pendurado entre o Lugar Santo e o Santo dos Santos, onde a arca da aliança permanecia, e o sacerdote era a única pessoa que podia entrar naquele recinto, mesmo assim apenas uma vez ao ano, no Dia da Expiação (Hb 7). Agora, porém, o véu foi dividido ao meio e o filho de Deus pode entrar na presença do Pai para adorar e orar! Jesus foi adiante de nós ao santuário celestial, e o acesso ao Santíssimo está aberto (Hb 6.18-20; 10.20-25). A antiga aliança foi colocada de lado e a nova aliança foi introduzida.

O sacerdócio levítico era imperfeito (Hb 7.11), porém agora, em Cristo, temos um sumo sacerdote perfeito que intercede por nós no céu. Os sacrifícios realizados sob a antiga aliança eram imperfeitos (Hb 10.1-3), mas Jesus "por meio de um único sacrifício [...] aperfeiçoou para sempre os que estão sendo santificados" (Hb 10.14). A lei nada podia aperfeiçoar (Hb 7.19), porém a graça de Deus ministrada pelo Espírito Santo nos conduz à perfeição e à maturidade espiritual (Hb 13.20,21). A lei da antiga aliança foi pregada na cruz (Cl 2.14), e não estamos mais sujeitos às suas exigências (Rm 6.14). Por causa da cruz, temos paz com Deus (Cl 1.20) e somos reconciliados com ele (Ef 2.16). Por causa da cruz, Satanás e suas hostes foram derrotados (Cl 2.13-15) e, assim, podemos viver em vitória sobre a velha natureza em nosso interior e sobre o sistema do mundo que nos cerca (Gl 5.24; 6.14).

Por quem Jesus morreu?

João Batista anunciou que Cristo era o Cordeiro de Deus que "tira o pecado do mundo!" (Jo 1.29b). O sangue dos sacrifícios no santuário apenas *cobria* o pecado (Sl 32.1; Sl 85.2; Hb 10.4), e o perdão concedido por Deus ao adorador tinha por fundamento o sacrifício futuro de Jesus na cruz. Contudo, desde aquela grande vitória na cruz, "todo aquele que invocar o nome do Senhor será salvo!" (At 2.21). Paulo afirma que "um morreu por todos" (2Co 5.14b) e que o Senhor "deseja que todos os homens sejam salvos" (1Tm 2.4a). Jesus é "o Salvador de todos os homens, especialmente dos que creem" (1Tm 4.10b). Era necessário que Cristo "em favor de todos, experimentasse a morte" (Hb 2.9b). No entanto, dentre as pessoas em Jerusalém pelas quais Jesus pranteou, muitas "não creram" (Mt 23.37).

O apóstolo João escreveu que "o Pai enviou seu Filho para ser o Salvador do mundo" (1Jo 4.14), porém é óbvio que o mundo todo não acreditará em Jesus Cristo. Ele separará as ovelhas dos bodes (Mt 25.31-46) e o joio do trigo (Mt 13.36-45). O seu povo eleito é composto de pessoas que ouvem as boas-novas do evangelho, admitem os seus pecados, creem em Jesus e renascem na família de Deus. Por que o apóstolo Paulo, durante o seu ministério, sofreu com naufrágios, prisões, fome, espancamentos e outras tribulações? Porque ele sabia que Deus tinha o seu povo eleito! "Por isso, tudo suporto por causa dos eleitos, para que também eles alcancem a salvação que está em Cristo Jesus, com glória eterna." (2Tm 2.10). Paulo não sabia quem era eleito de Deus até que a pessoa fosse salva, mas tinha ciência de que sua oração e pregação da cruz dariam frutos. Jesus disse: "As minhas ovelhas ouvem a minha voz; eu as conheço, e elas me seguem. Eu lhes dou a vida eterna, e elas jamais perecerão; ninguém as poderá arrancar da minha mão." (Jo 10.27,28).

Um famoso pregador afirmou que pregar através do rádio era como um oftalmologista estar no topo do edifício Empire State, em Nova York, tentando pingar uma gota de colírio no olho de um paciente situado na calçada. Não é uma má analogia, exceto pelo fato de que Deus controla a chuva e pode fazer cair cada gota onde bem quiser (Is 55.10,11). Ele pode fazer o mesmo com sua Palavra. Em meus anos de ministério, participei de muitos programas de rádio, confiando-os a Deus para que a vontade divina prevalecesse. Quando você entra em um estúdio e grava um programa que será transmitido talvez dois meses depois, a dependência da orientação do Senhor deve ser total.

Certo dia, o falecido Theodore Epp, fundador e locutor da *Back to the Bible Broadcast* [Programa Voltando-se à Bíblia], estava gravando uma mensagem e sentiu-se direcionado a dizer: "Você aí, senhora com um cesto de roupas, coloque isso no chão e me escute." Quando, semanas mais tarde, a mensagem foi transmitida, havia uma mulher subindo do porão da sua casa com um cesto de roupas na mão! Ela ouviu as palavras do Sr. Epp assim que entrou na cozinha e, em seguida, sentou-se para escutar a mensagem, creu e nasceu de novo! Deus conhece os seus eleitos! Nossa tarefa é sermos fiéis no plantio das sementes, então orar e confiar que Deus fará o resto.

Deus não tem que salvar ninguém! Quem quer que seja salvo o é pela graça. Do ponto de vista humano, o Senhor tem que escolher dentre três opções. Ele pode salvar a todos, mas, então, onde está a sua justiça? Ele também pode não salvar ninguém, mas, então, onde está o seu amor? Por fim, Deus pode salvar um grupo eleito pela graça e glorificar-se nele. Obviamente, esta é a sua escolha. "O Senhor conhece quem lhe pertence." A prova de que estamos entre os eleitos é que vivemos como Cristo e para Cristo. Eis como o mundo perdido pode dizer que somos cristãos. "Afaste-se da iniquidade todo aquele que confessa o nome do Senhor" (2Tm 2.19b).

Conforme a passagem de Efésios 1.3-14, cada pessoa da trindade está envolvida em nossa salvação. Somos escolhidos pelo Pai (vv. 3-6), comprados pelo Filho (vv. 7-12) e selados pelo Espírito Santo (vv. 13,14). Tudo isso para louvor e glória do Senhor (vv. 6, 12,14). No que diz respeito ao Pai, fui salvo quando ele me escolheu em Cristo antes da fundação do mundo, porém nada sabia sobre isso até ser salvo. Quanto ao Salvador, fui salvo quando ele morreu por mim na cruz, e soube disso quando ouvi a mensagem do evangelho. No tocante ao Espírito Santo, fui salvo quando ele me convenceu de minha descrença e confiei em Cristo, tendo nascido de novo. Tudo o que a Trindade planejou se cumpriu. Então, pude dizer como Paulo que ele "me amou e se entregou por mim" (Gl 2.20b). Se a salvação não for pessoal, então não é salvação de jeito nenhum.

O apóstolo Pedro concorda com a visão de redenção trinitária de Paulo: "escolhidos de acordo com o pré-conhecimento de Deus Pai, pela obra santificadora do Espírito, para a obediência a Jesus Cristo e a aspersão do seu sangue" (1Pe 1.2a). A palavra "pré-conhecimento" não significa simplesmente que Deus sabia de antemão quem creria, mas que Deus *os escolheu antecipadamente para crerem e serem salvo*. O Dr. H. A. Ironside disse: "A salvação é como um pecador à frente de uma porta com uma placa onde se lê 'QUEM QUER QUE POSSA ENTRAR'. O pecador atravessa aquela porta e se vê diante de outra placa, com os dizeres 'ESCOLHIDOS EM CRISTO ANTES DA FUNDAÇÃO DO MUNDO' (Ef 1.4)."

Por que o Senhor deveria nos escolher? Quem somos nós ou o que temos feito para que nos tornássemos filhos de Deus? Ele nos escolheu porque nos ama e toda essa operação é uma questão de graça divina e não mérito humano (Ef 2.8,9). Somos salvos pela graça e mantidos pela graça; vivemos pela graça e servimos pela graça. Podemos dizer, juntamente com Paulo: "Mas, pela graça de Deus, sou o que sou" (1Co 15.10a).

O que a cruz deveria significar para os que creem hoje?

Nossa atitude pessoal com respeito à cruz de Cristo indica a nossa condição espiritual. As pessoas perdidas podem ter reações emocionais quanto à morte de Jesus, em especial durante os quarenta dias que antecedem a Páscoa, mas isso não resulta em nenhuma mudança espiritual duradoura em suas vidas cotidianas. Alguém apropriadamente disse que a emoção é um sentimento sem responsabilidade. Cristãos genuínos chegam à cruz pela fé, confiando em Jesus para sua salvação e apropriam-se da cruz para seguir o Senhor. Isso significa identificar-se abertamente com Cristo e carregar a cruz para a sua glória (Mt 10.34-39). Pela cruz, somos reconciliados com Deus (Ef 2.1-6) e recebemos a paz (Cl 1.20), morremos com Cristo e renascemos para uma nova vida. Aceite isso pela fé!

Uma vez que isso seja verdade, passamos a ter um novo relacionamento com nossos três inimigos: o mundo, a carne e o diabo (Ef 2.1-3). Cristo morreu por nós *e nós morremos com ele!* "Fui crucificado com Cristo. Assim, já não sou eu quem vive, mas Cristo vive em mim. A vida que agora vivo no corpo, vivo- a pela fé no filho de Deus, que me amou e se entregou por mim." (Gl 2.20). Jesus assumiu o nosso lugar na cruz e nossa fé *nessa substituição* nos salva, mas igualmente morremos com o Filho naquela cruz, e essa *identificação* nos capacita a vivermos uma vida vitoriosa. Em Cristo, morremos para o mundo (Gl 6.14), para a velha natureza pecaminosa (Gl 5.24) e para o nosso inimigo, o diabo (Jo 12.31; Cl 1.13).

O hino *Ao contemplar a rude cruz*, composto por Isaac Watts, desde há muito tempo, tem sido um de meus prediletos. O título original era *Crucifixion to the World, by the Cross of Christ* [Crucificação para o mundo, pela cruz de Cristo], porque o hino é fundamentado em Gálatas 6.14: "Quanto a mim, que eu jamais me glorie, a não ser na cruz de nosso Senhor Jesus Cristo, por meio da qual o mundo foi crucificado para mim, e eu para o mundo." Com o passar dos anos o nome do hino foi mudado e, nas edições posteriores, a quarta estrofe da letra original foi eliminada.

> Seu carmesim agonizante, como um manto,
> Cobre o seu corpo no madeiro;
> Então, eu estou morto para o mundo
> E o mundo está morto para mim.

Admito que essa estrofe não reflete o melhor da poesia que Isaac Watts já escreveu, *mas a sua mensagem é desesperadamente necessária à igreja de nossos dias!* Jesus deu a sua vida para nos retirar do mundo a fim de nos separar e nos enviar de volta para sermos testemunhas santas (Jo 17.14-18). Um dia, vamos deixar este mundo e iremos para o céu. Quão triste é ver como pessoas na liderança da igreja se deixam influenciar pelos métodos e pela sabedoria do mundo, levando outros a imitar o formato do mundo (Rm 12.2). O que necessitamos é de igrejas com ministros que sejam bíblicos e membros que não se envergonhem do evangelho de Cristo. O mundo tem adentrado lenta e sorrateiramente na igreja e, quando isso acontece, a cruz sai. Lembro-me de quando os teólogos liberais riram e chamaram a mensagem da cruz de "religião do açougue". Hoje, não se ouve mais essa expressão, mas nem sempre ouço a mensagem da cruz nos sermões e nos cânticos.

Os cristãos devem gloriar-se na cruz (Gl 6.14), e podemos fazê-lo *porque a cruz está em glória hoje!* Ao retornar ao céu, Jesus levou consigo as feridas da cruz em seu corpo glorificado — em seus pés, suas mãos e em seu lado. Se os santos no céu gloriam-se na cruz, por que os santos na terra estão silenciosos? O Cordeiro de Deus no céu carrega as marcas de sua morte (Ap 5.6,9,12; 13.8) e é honrado por isso. Os cristãos atuais que ignoram ou minimizam a cruz terão que fazer algum ajuste quando entrarem no céu. O que tais pessoas realmente pensam quando se reúnem para celebrar a ceia do Senhor?

Por causa da cruz, nós experimentamos um milagre, e por causa dela, temos uma mensagem a compartilhar com o mundo perdido. "Nós, porém, pregamos a Cristo crucificado" (1Co 1.23a). "Pois decidi nada saber entre vocês, a não ser Jesus Cristo, e este, crucificado." (1Co 2.2). Nosso testemunho deve concentrar-se em Cristo e na cruz, no que o Filho de Deus fez para resgatar os pecadores perdidos. Independentemente do texto que está sendo pregado ou da lição que está sendo ensinada, a mensagem deve culminar na cruz e em um amoroso apelo para os pecadores serem salvos. Muitas pessoas religiosas são como aquele oficial etíope que Filipe encontrou na estrada deserta (At 8.26-40). Elas leram ou ouviram sobre a cruz, mas não compreenderam o significado da mensagem. Filipe explicou a cruz de Cristo ao etíope e ele creu e foi salvo. Este é o tipo de testemunho de que necessitamos hoje.

A cruz nos lembra que somos amados por nosso Pai celestial. Muitos judeus da antiga aliança pensaram que saúde, riqueza e uma família bonita e numerosa constituíam evidências do amor de Deus, porém muitos descrentes possuem tais bênçãos e jamais agradecem ao Criador por isso. "Mas Deus demonstra seu amor por nós: Cristo morreu em nosso favor quando ainda éramos pecadores." (Rm 5.8). Na próxima vez que se sentir desencorajado e Satanás lhe disser que Deus não se importa com você, lembre-se do Calvário e dê graças pelo fato de Jesus haver morrido por você. Quando for criticado, apesar de haver se esforçado ao máximo, lembre-se da cruz e perceba que vale a pena suportar qualquer coisa por Cristo. Ao sofrer com uma enfermidade e não receber ajuda das pessoas, mas apenas indiferença, recorde-se do Calvário. O sofrimento e a morte de nosso Senhor anunciam a você e a mim que aquilo que parece derrota na vida cristã resultará em vitória. Seja paciente e veja o que o Senhor fará. A cruz fala sobre o sangue de Cristo que, por sua vez, trata de perdão (Mt 26.28), de um proceder correto diante de Deus (Rm 5.7), de purificação (Hb 9.14; 1Jo 1.7), de redenção (1Pe 1.18,19) e de vitória (Ap 1.5;12.11).

Se fielmente carregarmos a cruz que Jesus nos tem dado, não teremos problemas em testemunhar sobre Cristo crucificado. Ele se entregou totalmente por nós, e o Espírito nos capacita a darmos tudo ao Senhor. É possível sermos tão negligentes em nossa jornada cristã que, de fato, esvaziamos a mensagem de poder da cruz (1Co 1.17). "Pois, na verdade, foi crucificado em fraqueza, mas vive pelo poder de Deus" (2Co 13.4a). "Mas receberão poder quando o Espírito Santo descer sobre vocês, e serão minhas testemunhas" (At 1.8a).

Em geral, discute-se sobre o que a cruz fez a Jesus, mas você já considerou o que Cristo fez para a cruz? No Império Romano, a cruz significava derrota, mas Jesus transformou-a em vitória. Paulo encerra o grande capítulo de 1Coríntios 15, sobre "morte e ressurreição", com estas palavras: "Mas graças a Deus, que nos dá a vitória por meio de nosso Senhor Jesus Cristo", seguidas pela tradicional bênção. Para os romanos, a cruz significava sofrimento e vergonha, porém Jesus transformou esse significado em glória a Deus, para que jamais nos gloriemos, "a não ser na cruz de nosso Senhor Jesus Cristo" (Gl 6.14a). A crucificação era o pior tipo de morte existente, mas, por causa dela, temos vida eterna (Gl 2.20). No mundo antigo, a cruz era tão terrível que sequer era citada em uma conversação. Porém, nos dias atuais, pessoas gastam seu dinheiro para comprar e usar pequenas cruzes a fim de expressar a todos que elas são seguidoras de Cristo. Em nosso testemunho, é possível falar sobre a cruz sem fazer apologia.

(O espelho do evento: uma pausa para reflexão)

William Penn, fundador da Sociedade Religiosa dos Amigos, costumava dizer: "Sem cruz, sem coroa!" O que isso significa para você? Se fomos "crucificados com Cristo" (Gl 2.20), como isso muda a nossa vida?

Vemos cruzes nos jazigos em cemitérios e nos prédios eclesiásticos, bem como vemos pessoas ostentando cruzes como adornos. Porém, de acordo com Jesus, o que mais está envolvido? A cruz fala de submissão, vergonha, sofrimento e serviço aos outros. Vivemos desse jeito, ao carregarmos as nossas cruzes?

José de Arimateia e Nicodemos removeram o corpo de nosso Senhor da cruz e o enterraram em um sepulcro novo de José (Jo 19.38-42). Conforme a lei judaica, tocar em um cadáver era um procedimento aviltante, o que impediria José e Nicodemos de participarem da Páscoa. Se você perguntasse a eles se isso importava, o que acha que responderiam?

Quando o povo de Deus chegar ao céu, todos terão corpos glorificados como Jesus hoje, exceto pelas marcas da cruz em seu glorioso corpo. Por quê?

Evento **10**

A ressurreição de Jesus
Mateus 28; Marcos 16; Lucas 24;
João 20-21; 1Coríntios 15

A ressurreição de Jesus Cristo dentre os mortos foi um evento que transformou tudo na primeira comunidade de cristãos e pode fazer o mesmo em nossa vida e nas igrejas de hoje. Sempre que um pecador se volta ao Senhor em busca de salvação, o Cristo ressurreto perdoa o pecado e concede vida eterna (Rm 10.9-13). Sempre que um cristão atribulado clama por auxílio, o Jesus vivo ouve e responde de seu trono de graça (Hb 4.14-16). Quando cristãos se reúnem para adorar, eles direcionam louvor e orações ao Senhor vivo, experimentando a bênção divina (At 4.23-31; 16.25-34). Se a igreja está morta, é porque as pessoas se esqueceram de que Jesus está vivo.

O Dr. R. W. Dale (1829–1895) foi um destacado pastor e teólogo britânico que ministrou na Igreja Congregacional Carr's Lane, em Birmingham, de 1854 até a sua morte. Certo dia, enquanto preparava a mensagem para o domingo da Páscoa, ele foi tão impactado pela realidade da ressurreição do Senhor que começou a andar e gritar: "Cristo está vivo! Ele está vivo! Ele vive! Ele vive!". Daquela experiência em diante, o Dr. Dale sempre escolheu um hino de ressurreição para cada culto dominical. Como nossas congregações de hoje seriam transformadas se realmente compreendêssemos o significado da ressurreição de nosso Senhor e permitíssemos que o "poder da sua ressurreição" nos envolvesse (Fp 3.10).

Consideremos alguns fatos sobre a ressurreição de nosso Senhor, analisando o que eles significam para nós hoje.

Jesus foi sepultado com dignidade

Quando criminosos morriam no Gólgota, seus corpos eram, via de regra, tratados como lixo e jogados no depósito localizado no Vale do Filho de Hinom, mais conhecido como Geena. Para os judeus, um cadáver desenterrado significava uma desgraça pública e um julgamento de Deus. Além disso, Salmo 16.8-11 previu que o corpo do Messias não veria a corrupção. Pedro citou essa promessa em sua mensagem no Pentecoste (At 2.22-28). No entanto, o Pai havia escondido dois discípulos no Sinédrio, judeus de elevada reputação e influência. Eles trabalharam juntos a fim de garantir um sepultamento digno para Jesus.

Devemos lembrar que o sepultamento de nosso Senhor constitui uma parte da mensagem do evangelho, conforme registrado em 1Coríntios 15.1-11. A frase, no versículo 4, "foi sepultado", é breve, porém muito importante, pois o fato de Jesus ter sido sepultado é uma prova de que ele realmente morreu. Os soldados romanos conheciam o trabalho para o qual foram designados e o faziam muito bem. Se os condenados demoravam a morrer, os soldados quebravam as pernas deles ou perfuravam a lateral do tronco a fim de apressar a morte. Eles certificaram-se de que Jesus estava morto antes de entregar o seu corpo a José de Arimateia, em obediência à ordem de Pilatos (Jo 19.38-42). José e Nicodemos envolveram o corpo em faixas de linho, juntamente com especiarias que haviam trazido, e, reverentemente, colocaram o corpo do Senhor no sepulcro. José rolou uma enorme pedra obstruindo a entrada, que, mais tarde, seria removida por um anjo.

Nicodemos é mencionado em três ocasiões no Evangelho de João: quando ele visitou Jesus, à noite, e aprendeu sobre o novo nascimento (Jo 3), quando defendeu Jesus no Sinédrio (Jo 7.45-52) e quando ele e José sepultaram o corpo. Nicodemos procurou falar com Jesus à noite, provavelmente para não ser visto com o Senhor, mas auxiliou José a sepultar Jesus em plena luz do dia, quando outros poderiam vê-lo. De há muito creio que Nicodemos e José de Arimateia se reuniram para estudar as Escrituras e concluíram que Jesus era, de fato, o Messias. Ao tocarem o corpo, ambos se tornaram cerimonialmente impuros e não poderiam participar da Páscoa, porém isso não fez a menor diferença, pois eles haviam encontrado e confiado no "Cordeiro de Deus, que tira o pecado do mundo!" (Jo 1.29b).

Por meio das Escrituras, Nicodemos e José aprenderam que o Messias seria rejeitado e crucificado na Páscoa, e Deus levou-os a proteger o corpo. Por que um homem rico e influente como José possuiria uma tumba na sombra do Gólgota, onde multidões barulhentas afluíam para assistir a criminosos sendo crucificados? Você gostaria de ser sepultado ao lado de um lugar assim? *José não preparou o sepulcro para si mesmo, mas para Jesus!* Ele e Nicodemos ficaram na tumba com as especiarias durante aquelas seis horas em que Jesus permaneceu na cruz. Ao ouvirem Jesus clamar "Está consumado!", Nicodemos manteve a guarda no sepulcro enquanto José foi falar com Pilatos a fim de obter permissão para sepultar o corpo. Há os que negam a ressurreição alegando que Cristo não morreu, mas apenas desfaleceu e, então, despertou na tumba, mas os soldados romanos e dois membros do Sinédrio podem dar seu testemunho de que Jesus morreu, de fato. Igualmente o profeta Isaías (53.8-12). Os soldados romanos esperavam dispor o corpo de Jesus juntamente com os corpos dos dois ladrões, porém o Pai tinha outros planos. "Foi-lhe dado um túmulo com os ímpios, e com os ricos em sua morte" (Is 53.9a). Por causa da fidelidade de ambos, José e Nicodemos ajudaram a manter a pureza da mensagem do evangelho: "Cristo morreu pelos nossos pecados, segundo as Escrituras, foi sepultado", com dignidade e com os ricos!

Jesus foi ressuscitado em vitória

Logo no início de seu ministério, ao ser desafiado por purificar o templo, Jesus respondeu: "Destruam este templo, e eu o levantarei em três dias" (Jo 2.19b). Este foi o primeiro anúncio de nosso Senhor sobre sua morte e ressurreição no tocante ao registro do evangelho. Mais tarde, quando Pedro declarou a sua fé em Jesus Cristo como o Filho de Deus, o Senhor passou a ensinar aos apóstolos que ele seria crucificado, sepultado e, então, ressuscitaria dentre os mortos no terceiro dia (Mt 16.13-23). Jesus repetiu essa verdade após a sua transfiguração (Mt 17.22,23) e quando seguiu para Jerusalém com os discípulos (Mt 20.17-19). Tivessem os seguidores de Cristo guardado essa palavra em seus corações, eles não ficariam tão confusos e deprimidos com a crucificação e o sepultamento do Mestre. Por mais estranho que pareça, foram os inimigos do Senhor que se lembraram de suas palavras! Eles pediram a Pilatos que selassem o sepulcro e colocassem guardas a fim de evitar que alguém fabricasse uma "ressurreição" com o roubo do corpo de Jesus (Mt 27.62-66). Porém, esses líderes religiosos estavam desafiando a Trindade, pois o Pai levantou a Jesus dentre os mortos (At 2.24; 3.15; 4.10), o próprio

Filho ressuscitou (Jo 2.19; 10.17,18), bem como o Espírito ressuscitou ao Filho (Rm 1.4; 1Pe 1.11; 3.18).

A crucificação de nosso Senhor parecia ser uma derrota absoluta, mas a ressurreição declarou o Calvário como a maior vitória já conquistada na terra. Ele foi da impotência ao poder, da humilhação à glória (Fp 2.5-11), das limitações da humanidade à liberdade da divindade, da tumba ao trono. Jesus conquistou uma vitória decisiva sobre o mundo (Jo 16.33; Gl 6.14), sobre a carne (Rm 6.6) e sobre o diabo (Jo 12.31,32; Cl 2.15). De fato, a morte do Salvador trouxe a morte da própria morte! "Nosso Salvador, Cristo Jesus [...] tornou inoperante a morte e trouxe à luz a vida e a imortalidade por meio do evangelho." (2Tm 1.10b). A palavra traduzida como "tornou inoperante" significa "quebrar o poder e tornar sem efeito". De acordo com Romanos 5, a morte ainda reina (vv. 14,17) porque o pecado reina (v. 21), mas, por meio de Jesus Cristo, a graça reina (vv. 17,21); *e os eleitos de Deus "reinarão em vida" por meio de Jesus Cristo* (v. 17)! Nós temos a vida eterna porque confiamos em Jesus, que é a ressurreição e a vida (Jo 11.25,26), e podemos exclamar como Paulo: "Mas graças a Deus que nos dá a vitória por meio de nosso Senhor Jesus Cristo." (1Co 15.57). Quando um amado morre, nós, que permanecemos, lamentamos, mas não "como os outros que não têm esperança" (1Ts 4.13).

De acordo com 1Coríntios, capítulo 15, pelo fato de Jesus ter desarmado e derrotado a morte, temos algo em que acreditar (vv. 16,17), sobre o que falar (vv. 14,15), para obter conforto (v. 18) e para olhar adiante (v. 19). Pedro claramente declarou esta vitória em seu sermão de Pentecoste: "Jesus de Nazaré [...] Mas Deus o ressuscitou dos mortos, rompendo os laços da morte, porque era impossível que a morte o retivesse." (At 2.22,24). O sepulcro vazio testifica que Cristo passou pelas faixas de linho, deixando-as intactas. João e Pedro viram na tumba os panos que o envolviam e se convenceram de que Jesus estava vivo (Jo 20.1-10).

Quando Paulo utiliza a frase "segundo as Escrituras", em 1Coríntios 15.3,4, ele está se referindo, obviamente, ao Antigo Testamento, que profeticamente antecipou a morte e a ressurreição de Jesus Cristo. O próprio Jesus referiu-se a Jonas, que permaneceu três dias e três noites no interior do grande peixe antes de ser liberado (Mt 12.38-41). A festa da colheita dos primeiros frutos ou das primícias, celebrada no terceiro dia após a Páscoa (Lv 23.9-12), retrata a ressurreição do "Cristo, as primícias" (1Co 15.20-23). Salmo 16.8-11 é mencionado na passagem de Atos 2.23-28; Salmo 2.7, em Atos 13.33; Salmo 110.1 em Atos 2.34,35 e Salmo 34.20 em João 19.36

(veja também Is 53.10, Zc 12.10 e Sl 118.15-24). Os escritores do Antigo Testamento fornecem testemunho ao sofrimento, morte e ressurreição de nosso Senhor.

Jesus foi ativo no ministério

Após a sua ressurreição, nosso Senhor não observou um "tempo de recuperação" de seus sofrimentos e sua morte, mas desde o princípio dedicou-se ativamente a ministrar aos seus seguidores abalados, aparecendo diante deles e assegurando-lhes que estava vivo (veja 1Co 15.1-11). Os apóstolos foram comissionados a serem testemunhas da sua ressurreição (At 1.22). Inúmeras pessoas em Jerusalém sabiam que Jesus de Nazaré havia sido crucificado. Agora, elas precisavam saber que ele estava vivo e era capaz de salvar todo aquele que viesse a crer.

Maria Madalena descobriu o sepulcro aberto e, apressada e erroneamente, concluiu que alguém havia roubado o corpo. Sem demora, ela foi contar a Pedro que, juntamente com João, correu até a tumba. A pedra havia sido deslocada, de modo que eles adentraram e viram as faixas de linho e o lenço deixados no sepulcro vazio. Então, eles se convenceram de que Jesus estava vivo (Jo 20.1-10). Contudo, uma coisa é ver a evidência e outra totalmente distinta é encontrar-se com o próprio Cristo vivo! Maria permaneceu à entrada do túmulo e encontrou-se com Jesus, mas pensou que ele fosse o jardineiro. Ao ouvir Cristo pronunciar o seu nome, Maria o reconheceu, e a sua confusão transformou-se em certeza. É possível que saibamos todos os argumentos teológicos para a ressurreição de Jesus, mas a presença do Cristo vivo em nossa própria experiência diária é que nos capacita a viver para ele e servi-lo.

Ao encontrar-se com seus discípulos, Jesus transformou seus temores e dúvidas em fé e devoção (Jo 20.19-23). Cristo pode atravessar portas fechadas! O mestre já havia falado em particular com Pedro e o restaurara à comunhão (Mc 16.7; 1Co 15.5), mas Jesus precisava restituí-lo publicamente ao discipulado, pois o havia chamado dessa forma (Lc 5.1-11); e João 21 descreve como Jesus fez isso. Pedro tinha ido pescar com outros seis discípulos e no mar eles permaneceram a noite toda em vão, sem apanhar nada. Jesus apareceu na praia e eles não o reconheceram, mas, quando obedeceram às suas ordens, os discípulos conseguiram pegar 153 grandes peixes! De imediato, Pedro soube que era o Mestre. O Cristo ressurreto pode transformar um fracasso em um retumbante sucesso.

Talvez a mais dramática aparição feita por Jesus após a sua ressurreição e ascensão tenha sido a Saulo de Tarso quando este estava a caminho de Damasco a fim de prender os santos (At 9). Saulo pensava que Jesus estava morto e que seus discípulos haviam roubado e escondido o seu corpo (Mt 28.11-15), mas naquele instante ele aprendeu que Cristo estava vivo! Quando Saulo creu no Cristo vivo, foi transformado de perseguidor em pregador! Ele se tornou Paulo, servo de Jesus Cristo.

O Cristo vivo ainda está ativo no ministério. Ele prometeu: "E eu estarei sempre com vocês, até o fim dos tempos" (Mt 28.20b). Ainda, Jesus nos adverte: "sem mim vocês não podem fazer coisa alguma" (Jo 15.5b). Ai daqueles filhos de Deus que imaginam ser capazes de produzir fruto sem habitar na videira verdadeira que é Jesus! O Espírito Santo é "Espírito de vida", em Cristo Jesus (Rm 8.2) e se estivermos cheios do Espírito e andarmos nele, então seremos fiéis e frutíferos para a glória de Deus.

Consideramos o primeiro dia da semana como o dia do Senhor, e ele o é. A igreja primitiva se reunia para adorar no dia da ressurreição, o primeiro dia da semana. Mas, devemos compreender que *todos os dias são o dia do Senhor se Jesus for o nosso Senhor!* Não devemos temer a vida ou a morte, pecados passados ou desafios futuros, atribulações físicas ou batalhas espirituais ou qualquer inimigo. Somos mais do que vitoriosos por meio dele que nos ama e vive em nós pelo seu Espírito (Rm 8.37-39)! A morte não possui mais aguilhão porque somos conduzidos à glória e o sepulcro não obterá vitória porque será esvaziado quando Jesus voltar (1Co 15.50-58)! Ao visitamos túmulos de amados cristãos, devemos lembrar que Paulo comparou o enterro de um corpo ao plantio de uma semente (1Co 15.35-49). Pode parecer que é inverno enquanto pranteamos, porém a "primavera" chegará quando Jesus retornar, e as "sementes" plantadas irromperão em poder e beleza. Aleluia!

Jesus trata a responsabilidade com seriedade

Duas instruções vindas de um anjo anunciam as nossas responsabilidades como povo de Deus: "Venham ver" o túmulo vazio e "vão depressa e digam" ao mundo necessitado (Mt 28.6,7).

Minha esposa e eu visitamos Jerusalém e vimos o que os estudiosos afirmam ser a tumba vazia de Jesus. Porém, minha certeza sobre um Salvador e Senhor que está vivo não advém daquela visita, mas da confirmação de testemunhas antigas cujas palavras estão registradas nas inspiradas Escrituras. Toda a Bíblia testifica que Jesus está vivo e ministrando a nós hoje, do céu, mas discorreremos mais sobre isso no próximo capítulo.

A maneira como o apóstolo Pedro utiliza a palavra "viva" em sua primeira carta sugere que ele, de fato, estava dominado pela realidade da ressurreição de seu Mestre. Ele afirma que Jesus está vivo e é a "pedra viva" (1Pe 2.4). Por conseguinte, os filhos de Deus podem ter uma "esperança viva" (1Pe 1.3), possuem a "palavra de Deus, viva" (1.23) e são "pedras vivas" no templo de Deus (2.5), a Igreja que o Senhor está construindo "para tornar-se um santuário santo no Senhor" (Ef 2.21b). Em meio a um mundo maligno, cujos habitantes estão "mortos em suas transgressões e pecados" (Ef 2.1), cristãos verdadeiros estão vivos em Cristo e detêm o privilégio e a responsabilidade de "ir depressa e dizer". Nós testemunhamos a realidade da ressurreição pela vida que vivemos e palavras que dizemos. É triste constatar que algumas igrejas não manifestam vida alguma em suas reuniões, mas simplesmente permanecem nos negócios, como de costume. Entretanto, nos regozijamos com aquelas congregações que expressam a vida e o amor do Senhor não apenas no domingo, mas durante toda a semana.

"Venham ver", "Vão depressa e digam"! Estas são seis palavras que todo aquele que crê deveria facilmente entender. E agora que as entendemos, vamos obedecer a elas.

(O espelho do evento: uma pausa para reflexão)

Por diversas vezes, o Mestre disse aos seus discípulos que ressuscitaria dentre os mortos ao terceiro dia após a sua crucificação, porém, de alguma forma, as palavras dele não foram absorvidas. Como os pássaros que bicam as sementes no solo, Satanás apanha as "sementes das Escrituras" que Jesus planta nos corações ainda não preparados para receber a Palavra de Deus (Mt 13.1-9,18-23). Você prepara o seu coração para receber a verdade de Deus confessando pecados e humilhando-se diante do Senhor? Durante o dia, reflete sobre isso e pede que o Espírito lhe ensine?

Jesus vive hoje e podemos confiar plenamente no cuidado dele por nós. Você pensa no Senhor, conversa com ele e lhe obedece durante o dia, expressando a sua gratidão pela companhia de Cristo? Como Neemias, costuma enviar "orações do tipo e-mail" ao céu durante o seu dia?

A palavra "vazia" é de extrema importância na vida cristã. A manjedoura está vazia, ainda que, todos os anos, celebremos o nascimento de nosso Senhor. A cruz está vazia porque sua morte completou a obra da redenção. O túmulo e os panos de linho estão vazios porque Jesus está vivo e ministrando como nosso Sumo Sacerdote no céu. Graças à obra de Cristo, *nós podemos experimentar a plenitude!* Reflita em João 1.16; Efésios 3.19 e 4.13, bem como em Colossenses 1.19 e 2.9.

Evento **11**

A ascensão de Jesus ao céu
Marcos 16.19,20; Lucas 24.44-52; Atos 1.1-12; Efésios 1.15-23; Filipenses 2.9-11

Jesus iniciou o seu ministério terreno jejuando por quarenta dias e quarenta noites e sendo tentado pelo diabo (Mt 4.2). Igualmente, encerrou esse ministério com um período de quarenta dias com seus seguidores "falando-lhes acerca do Reino de Deus" (At 1.1-3). Infelizmente, os seus discípulos estavam mais interessados em restaurar o reino de Israel, mas o foco de Jesus estava no ministério presente e não no passado. Ele prometeu enviar o Espírito Santo a fim de capacitá-los a testemunhar sobre o Filho de Deus e declarar o evangelho. O clímax de sua última reunião com eles foi sua ascensão ao céu (At 1.4-11). Por séculos, os cristãos celebram o dia da ascensão de Jesus quarenta dias após a Páscoa, a fim de lembrar que o Cristo vivo está ministrando no céu e o Espírito Santo capacitando e dando poder à Igreja na terra. Em nossos dias, o povo de Deus necessita desesperadamente aprender o que o Filho de Deus glorificado está fazendo por eles no céu e buscar o poder do Santo Espírito.

Jesus ascendeu ao céu e assentou-se no trono

Nosso Senhor revelou aos seus discípulos que retornaria ao Pai. Assim, ver Jesus subindo e desaparecendo entre as nuvens não deveria surpreendê-los (Lc 24.26; Jo 7.33,34; 13.3; 14.1-4,28; 16.5,7,10,16-19,28). Sua missão na terra estava terminada e seus seguidores, preparados para servi-lo. Era chegada a hora de iniciar no céu a continuidade de sua obra, de modo que o povo do

Senhor na terra poderia prosseguir com o trabalho de ganhar os perdidos. Filipenses 2.1-11 descreve seu "descenso" e "ascensão". Jesus esvaziou-se e se tornou um servo, ascendendo, então, ao céu para cumprir todas as coisas (Ef 4.9,10). O Dr. James S. Stewart afirmou de modo singular: "Pois não foi para abandonar a história que Cristo retornou ao Pai, mas envolver a história com ele para sempre."[1] Do céu, Jesus está ministrando na terra mediante o seu Espírito, que trabalha em e por meio de seu povo.

Não havia cadeiras no tabernáculo judeu ou no templo, porque o trabalho dos sacerdotes nunca estava concluído. "Pois é impossível que o sangue de touros e bodes tire pecados", mas "quando este sacerdote acabou de oferecer, para sempre, um único sacrifício pelos pecados, assentou-se à direita de Deus" (Hb 10.4,12). "O SENHOR disse ao meu Senhor: 'Senta-te à minha direita até que eu faça dos teus inimigos um estrado para os teus pés'" (Sl 110.1). Este salmo de "coroação" possui 21 menções na Bíblia, sendo cinco delas apenas no livro de Hebreus. Jesus foi "recebido na glória" (1Tm 3.16) e está entronizado no céu "muito acima de todo o governo e autoridade, poder e domínio, e de todo nome que se possa mencionar, não apenas nesta era, mas também na que há de vir" (Ef 1.21; At 2.34-36; 1Pe 3.22). Aleluia!

É importante lembrar que, no instante em que você confiou em Cristo como Salvador e Senhor, o Espírito Santo adentrou o seu corpo e fez dele seu templo. Sua presença identifica você com Jesus em sua morte, sepultamento e ressurreição (Rm 6.1-7; Gl 2.20), assim como em sua ascensão e entronização (Ef 2.1-10). Estamos assentados com ele nos lugares celestiais e, pela fé, podemos desfrutar de suas riquezas e poder espiritual. As expressões "em Cristo", "nele" e "no Senhor" são usadas 164 vezes nas epístolas de Paulo para descrever a nossa viva união com o Senhor vivo. Com ele, estamos assentados no trono, e os anjos ministram em nosso favor (Hb 1.14), e a oração confiante nos permite acesso ao torno da graça (Hb 4.16).

No céu, o nosso Mestre ministra como sumo sacerdote (Hb 4.14), advogado (1Jo 2.1), predecessor (Hb 6.20) e mediador/intercessor (1Tm 2.5; Hb 7.25). Como sumo sacerdote, Jesus nos concede a graça de que necessitamos para conhecer a vontade de Deus e cumpri-la, bem como sobrepujar a tentação e viver de forma vitoriosa (Hb 4.14-16). Porém, se pecarmos, ele advoga em nosso favor de maneira que podemos confessar os nossos pecados e ser perdoados (1Jo 1.5–2.2). A vitoriosa vida em Cristo constitui uma série de recomeços que nos aproximam de Deus. Como predecessor (Hb 6.20), Jesus Cristo foi ao

---

[1] STEWART, James S.. *Thine Is the Kingdom*. Edimburgo: St. Andrew Press, 1956. p. 72.

santuário celestial adiante de nós a fim de podermos segui-lo, termos comunhão com ele e recebermos a graça necessária. Por sua morte, somos salvos da punição do pecado, mas pela vida dele, somos salvos do poder e da contaminação do pecado (Rm 5.10). Paulo denomina isso de "reinar em vida" (Rm 5.17).

"Portanto, já que vocês ressuscitaram com Cristo, procurem as coisas que são do alto, onde Cristo está assentado à direita de Deus. Mantenham o pensamento nas coisas do alto, e não nas coisas terrenas." (Cl 3.1,2). Nosso Senhor é o mediador e intercessor entre nós e o Pai. "Pois há um só Deus e um só mediador entre Deus e os homens: o homem Cristo Jesus" (1Tm 2.5). O Filho desempenha um ministério intercessor no céu e o Espírito ministra no interior do templo, que é o nosso corpo (Rm 8.26,27). É possível experimentarmos o amor de Deus — Pai, Filho e Espírito Santo — e compartilharmos o nosso amor com a Trindade (Jo 14.23,24).

Jesus no céu concede e recebe

Quando morreu na cruz, Jesus entregou-se completamente para salvar um mundo pecaminoso. Agora, glorificado no céu, ele tudo entrega à sua Igreja, às pessoas que confiaram nele e o estão servindo. Nos lugares celestiais, Cristo não está intercedendo pelo mundo perdido (Jo 17.9), mas pelo povo de Deus aqui na terra. De sua Igreja, Jesus almeja receber orações, louvor e serviço obediente. Em contrapartida, ele quer dar à Igreja dons espirituais, compreensão da Palavra, poder para testemunhar, trabalho, capacitação para caminhar debaixo da vontade dele e "graça que nos ajude no momento de necessidade" (Hb 4.16b). Somente Jesus Cristo é capaz de nos fornecer o de que precisamos e está disposto a fazê-lo (Fp 4.19).

A manhã é o período mais importante de meu dia, pois é quando fico sozinho com o Senhor, leio a Palavra e nela medito. Então, tenho comunhão com ele por meio do louvor e da oração, aguardando pela força e orientação necessárias para aquele dia. Deus tem "nestes últimos dias" nos falado "por meio do Filho" (Hb 1.1,2) e sou muito grato pelo modo como o Espírito Santo nos ensina a partir do texto bíblico. Há ocasiões em que o Senhor me desperta de madrugada e compartilha uma verdade espiritual comigo, tão necessária para minha própria vida naquele momento, um sermão ou um capítulo de um livro. Costumo manter uma pequena lâmpada e um bloco de papel em meu criado-mudo para anotar imediatamente o que o Senhor está me ensinando. Se não o fizer, volto a dormir e esqueço a lição compartilhada.

A nossa entrega a Deus não "compra" as bênçãos que recebemos, porque tudo o que o Senhor nos concede é dom da sua graça. "O meu Deus suprirá todas as necessidades de vocês, de acordo com as suas gloriosas riquezas em Cristo Jesus." (Fp 4.19). Um dos propósitos para a entronização em glória de Jesus é poder distribuir os seus dons aos que creem em todo o mundo (Sl 68.18; Ef 4.7-12). O Espírito Santo equipa cada cristão com os dons necessários ao cumprimento da obra que Deus o chamou a fazer (Ef 4.12-16). É trágico quando pessoas que não têm os dons espirituais essenciais são colocadas nos cargos das igrejas. Não sendo capacitadas a fazer o trabalho que Deus quer que seja feito, tornam-se pedras de tropeço ao invés de pedras vivas a demarcar o caminho. É preciso mais do que uma personalidade agradável e vontade de trabalhar para servir ao Senhor. Igualmente, necessitamos do dom que apenas o Espírito Santo pode conceder.

Quais são os dons que o Mestre se agradaria em receber de nós? Lembre-se de que não devolvemos nada que o Senhor não nos tenha concedido antes. Davi afirma claramente: "Tudo vem de ti, e nós apenas te demos o que vem das tuas mãos." (1Cr 29.14b). Deus quer o meu coração e o meu amor (Pv 23.26), assim como o meu corpo, minha mente e minha vontade (Rm 12.1,2). Devo ser generoso em abrir mão de qualquer riqueza ou posse que ele vier a me dar (Ml 3.10; At 20.35; 2Co 9.6-11). Ele merece o meu tempo, não apenas para orar e estudar a Bíblia, mas também para servir ao próximo (Ef 5.15-17). Além disso, certamente, devo dar a Deus o melhor de mim no dia do Senhor. Recentemente, você leu a promessa de Jesus Cristo expressa em Lucas 6.38?

O que nosso generoso Senhor nos tem dado? Ele nos concede salvação (Ef 2.8,9), toda a graça de que necessitamos (Tg 4.6), nosso pão diário (Mt 6.11), a sua preciosa Palavra (Jo 17.8), o Espírito Santo (Jo 14.16), forças para a jornada (Is 40.29-31), bem como tudo o de que necessitamos para a vida e o serviço (Rm 8.32). Ao povo de Israel, o Senhor deu uma terra especial e, de igual sorte, dará aos seus santos um lar celestial (Jo 14.1-6). Poderia prosseguir, mas se você tem caminhado com o Senhor, independentemente do tempo, sabe por experiência que é impossível exceder Deus em generosidade.

Jesus vai adiante de nós e resiste aos nossos inimigos

"Depois de conduzir para fora todas as suas ovelhas, vai adiante delas, e estas o seguem, porque conhecem a sua voz." (Jo 10.4). A voz de nosso Senhor é ouvida nas Escrituras. Quando você abre a sua Bíblia, Deus fala. Os descrentes não nutrem um amor especial pela Palavra de Deus, tampouco sentem qualquer atração por ela, mas, para os que creem, conhecer a Bíblia é absolutamente essencial, pois é a voz do Pastor.

É possível conduzir o gado, mas não ovelhas. Elas precisam ser lideradas. A ovelha reconhece a voz do pastor, mas não responderá à voz de um estranho (Jo 10.1-4). Durante muitos anos de ministério itinerante, minha esposa e eu somos muito gratos pela liderança do Senhor. Ele nos tem auxiliado em nosso planejamento e nos guiado em nossa jornada. E, quando as coisas parecem confusas, Deus sempre nos conduz ao nosso destino. Em minhas devoções diárias, costumo orar o "Pai Nosso" (Mt 6.9-12), porque esta oração abrange muitos aspectos da vida, incluindo-se a vontade de Deus e o livramento do maligno.

Jesus vai adiante de nós a fim de preparar o caminho e permanece conosco contra os inimigos que se opõem a nós. Somente quando chegarmos ao céu é que saberemos quantas vezes fomos protegidos contra o perigo em nosso cotidiano e nosso ministério. Quando o povo de Israel se preparava para adentrar a terra prometida, Moisés lhes disse: "Não fiquem apavorados; não tenham medo deles. O Senhor, o seu Deus, que está indo à frente de vocês, lutará por vocês, como fez no Egito, diante de seus próprios olhos." (Dt 1.29,30). Por sua vez, o profeta Isaías escreveu: "Mas vocês não partirão apressadamente, nem sairão em fuga; pois o Senhor irá à frente de vocês, o Deus de Israel será a sua retaguarda." (Is 52.12).

Certa feita, ouvi um pregador usar a palavra "sorte" em sua mensagem sobre a liderança do Senhor na vida dele e fiquei surpreso. Esse termo não existe no vocabulário cristão, pois preferimos falar sobre a "providência divina" ou a "direção do Senhor". O servo de Abraão disse: "Quanto a mim, o Senhor me conduziu na jornada" (Gn 24.27b). Se estamos dispostos a obedecer ao Senhor e aguardar nele, ele nos mostrará o caminho que devemos tomar. "Se alguém *decidir* fazer a vontade de Deus, descobrirá se o meu ensino vem de Deus ou se falo por mim mesmo", disse Jesus (Jo 7.17, grifo do autor). A vontade do Altíssimo não é como um bufê que nos oferece uma variedade de opções, onde ousamos fazer uma escolha e dizer em nosso coração: "Se não gostar disso, sempre posso escolher outra coisa". Quando pedimos a Deus que nos revele a vontade dele, devemos dizer em nosso coração: "e eu obedecerei".

Quando a enfurecida multidão apedrejou Estêvão, Jesus, em pé, no céu, revelou-se ao seu fiel servo, como se estivesse dizendo: "Eu estou com você" (At 7.54-60)! Quando Paulo enfrentou resistência em Corinto, o Senhor esteve com ele, e o apóstolo logrou permanecer na cidade por dezoito meses servindo ao Senhor (At 18.9-11). Ao fim de seu ministério, Paulo escreveu a Timóteo: "Na minha primeira defesa, ninguém apareceu para me apoiar; todos me abandonaram. Que isso não lhes seja cobrado. Mas o Senhor permaneceu ao meu lado e me deu forças [...] E eu fui libertado da boca do leão." (2Tm 4.16-17). Jesus vai adiante de nós, prepara o caminho e permanece conosco quando a jornada se torna sombria e perigosa (Sl 23.4). Sim, nosso Senhor e Salvador tem sido exaltado em glória, mas, ao mesmo tempo, permanece ao nosso lado enquanto cumprimos a sua vontade aqui na terra. Reflita sobre as passagens de Romanos 8.31-39 e 1João 4.4.

Jesus sustenta e edifica

Neste vasto universo do qual o planeta Terra constitui uma ínfima parte, o que mantém tudo junto, cada qual em seu respectivo curso? Os cientistas nos contam que há leis a governar essas coisas, mas de onde se originaram tais leis? De acordo com João 1.1-3, Jesus Cristo criou todas as coisas e, conforme Hebreus 1.3, encontra-se nos lugares celestiais hoje, "sustentando todas as coisas por sua palavra poderosa". No original grego, a palavra traduzida como "sustentando" significa que Jesus é o alicerce de tudo, mantendo todas as coisas juntas e a tudo movendo a fim de cumprir os seus propósitos e seus objetivos. Hoje, entronizado no céu, Cristo sustenta tudo pela Palavra dele de maneira que todas as coisas cumpram a vontade de Deus. Se isso não fosse verdade, o versículo de Romanos 8.28 não poderia estar na Bíblia. Assim, deveríamos permitir que nossa vida e nosso ministério também fossem sustentados por aquela mesma Palavra que mantém o universo.

Jesus não está somente sustentando, mas também está edificando. Antes de iniciar o seu ministério público, Cristo trabalhava como carpinteiro (Mc 6.3), o que significa que ele ajudava a construir e reparar casas, móveis, ferramentas, carroças e itens domésticos. Jesus edificou o universo e, hoje, está igualmente edificando a sua Igreja (Mt 16.18; 1Co 3.9-17; Ef 2.19-22; 1Pe 2.4-6) e cada um que crê em Cristo possui um ministério a cumprir. Ainda, o Senhor quer nos edificar como seus servos a fim de sermos equipados a trabalhar na obra dele e para a glória de Deus. Paulo disse: "Agora, eu os entrego a Deus e à palavra da sua graça, que pode edificá-los e dar-lhes herança entre todos os que são santificados." (At 20.32). É possível encontrar a palavra "edificar" em algumas versões da Bíblia, tal como no versículo anterior, e ela significa simplesmente "preparar" (Ef 4.7-16). Deus nos prepara espiritualmente para que possamos ajudar na edificação da Igreja (Ef 2.10).

Tenha em mente que Jesus está edificando um lar celestial para o seu povo (Jo 14.1-6), e isso constitui uma grande força motivacional para viver a vida cristã e buscar ganhar os perdidos.

Jesus está abrindo e fechando portas

Cristo disse aos cristãos da igreja de Filadélfia que somente ele era capaz de abrir e fechar portas (Ap 3.7,8). Nas Escrituras, uma porta aberta é uma figura de linguagem que significa uma oportunidade de servir (1Co 16.8,9; 2Co 2.12; Cl 4.3; At 14.27). A Igreja encontra-se aqui, na terra, a fim de ministrar não apenas à família de Deus, mas também para testemunhar aos que estão perdidos e que precisam confiar no Senhor. Por vezes, nos questionamos sobre como alcançar pessoas que estão atrás de portas fechadas, mas Deus pode nos ajudar a fazer isso. Quando Lucas escreveu o livro de Atos, ele bem poderia ter colocado como subtítulo "O livro das portas abertas". O Senhor permitiu à Igreja ter portas abertas para testemunhar aos líderes religiosos, aos governadores e reis, homens de negócios e até mesmo pessoas na prisão! Quando Paulo, em suas viagens missionárias, começou a seguir na direção errada, o Senhor bateu a porta e o redirecionou (At 16.6-10). Se orarmos a Deus pedindo pela abertura de portas, e elas permanecerem fechadas, devemos aceitar isso como a vontade do Senhor e aguardar pelo momento certo de elas se abrirem. Jamais devemos tentar abrir portas à força, contra a vontade divina, porque isso apenas resultará em tribulação.

Salomão escreveu: "Para tudo há uma ocasião, e um tempo para cada propósito debaixo do céu" (Ec 3.1). Somente quando a obra de Deus é realizada da maneira do Altíssimo, para a glória dele e no *tempo* dele é que experimentaremos a bênção do Senhor. A líder espiritual britânica Evelyn Underhill escreveu: "Em todos os níveis da vida, desde o trabalho doméstico até as alturas da oração, em todos os julgamentos e esforços para fazer as coisas, a pressa e a impaciência são, com certeza, marcas do amador". Outro líder espiritual, Oswald Chambers, escreveu: "'Esperar no Senhor' e 'Descansar no Senhor' são indicações de uma fé santa e saudável, enquanto a impaciência é sinal de uma descrença prejudicial e pecaminosa." Sempre que começo a ficar impaciente e sou tentado a fazer as coisas do meu jeito, o Senhor me faz lembrar de Salmo 32.8,9. Recomendo este mesmo remédio a você, se tiver o hábito de ignorar portas abertas e perder oportunidades para compartilhar o evangelho.

Jesus está vigiando e esperando

Ouvi sobre um jovem cristão que estava louvando o Senhor durante uma reunião de oração por uma bênção que ele havia experimentado. Ficou tão empolgado que exclamou: "Ó Senhor, você deveria estar lá para ver!". Mas, o Senhor estava! Anos atrás, minha esposa e eu viajávamos constantemente devido ao nosso ministério e sempre nos sentíamos agradecidos por Salmo 91.11: "Porque a seus anjos ele dará ordens a seu respeito, para que o protejam em todos os seus caminhos." Seja na estrada, no ar ou apenas aguardando, sabíamos que o nosso amoroso Pai estava vigilante e ainda está, mesmo que estejamos em nosso lar.

O fato de o Senhor vigiar os seus filhos deveria ser motivo de encorajamento e não de temor. Por uma razão, ele sabe quando o perigo e a tentação estão próximos e pode nos guiar à segurança e à vitória. Desde que nossos motivos sejam puros e nosso anseio seja cumprir a vontade de Deus, podemos contar com o auxílio do Altíssimo. Porém, se tivermos nossa própria agenda secreta, o Senhor primeiramente precisará lidar conosco. Desejar, de forma deliberada, o nosso próprio caminho é tentar a Deus, e isso é um convite à disciplina. Deus nos vigia para o nosso próprio bem, assim como pais zelam por seus filhos. Aprendemos com as vitórias e com as derrotas, mas quanto menos derrotas, tanto melhor é a nossa educação espiritual. O Criador também mantém seus olhos sobre as nações (Sl 66.7) e conhece tudo o que está sendo dito, feito e tramado (Sl 2). As nações podem até irar-se contra Deus e seu povo, mas o Senhor não se perturba, tampouco deveríamos nos perturbar.

Em referência a Salmo 110.1, o versículo de Hebreus 10.13 nos revela que Jesus não apenas está vigilante como também está *esperando*. A palavra, às vezes, é traduzida como "aguardando", que significa "pronto para enfrentar qualquer situação". Deus não tem pressa. Ele criou o universo em seis dias, porém levou séculos para formar a nação de Israel e para revelar o seu plano profético antes de enviar o Messias. Não sabemos quando Jesus retornará, sendo, portanto, inútil (e embaraçoso) estabelecer datas. O mais importante é estarmos prontos e não distraídos pelo mundo, a carne e o diabo (Lc 21.34-36).

Você já notou que cada capítulo na primeira carta de Paulo à igreja em Tessalônica é concluído com uma referência ao retorno de nosso Senhor, fornecendo as marcas dos cristãos que estão prontos e ansiosos para encontrá-lo? Se nos mantivermos em zelosa expectativa pelo retorno de nosso Senhor:

1Ts 1.8-10: estaremos testemunhando e servindo ao Senhor;

1Ts 2.19,20: desfrutaremos de esperança e alegria;
1Ts 3.11-13: seremos amorosos e cresceremos em santidade;
1Ts 4.13-18: seremos confortados em nossas tristezas; e
1Ts 5.23-28: gozaremos de paz, pureza e oração.

A abençoada esperança da volta de nosso Senhor deveria ser motivo do encorajamento, da certeza e da alegria de que tanto necessitamos em meio às nossas tribulações e tentações nesta "presente era perversa" (Gl 1.4). Aprecio as palavras de Charles H. Spurgeon: "Eu tenho uma grande necessidade por Cristo; tenho um grande Cristo para a minha necessidade." E nós também!

(O espelho do evento: uma pausa para reflexão)

O Salvador está no céu intercedendo por você (Jo 17.20; Rm 8.34; Hb 7.25). Você obtém proveito da sua comunhão com ele? Intercede pelos outros?

Ao enfrentar problemas e perigos debaixo da vontade de Deus, você olha para o seu fiel Sumo Sacerdote em busca de auxílio? Reflita sobre a passagem de Hebreus 4.14-16.

Jesus está edificando a sua Igreja e tem concedido dons espirituais ao seu povo para serem utilizados nesta obra. Quanto aos dons, você já identificou o(s) seu(s) e o(s) está usando para auxiliar na edificação da Igreja? Encoraja os outros trabalhadores pelo seu exemplo e suas palavras?

Está obtendo progressos em discernir a vontade de Deus?

Evento 12

O envio do Espírito Santo
Atos 1-2

Nosso Senhor havia concluído o seu ministério terreno, porém ainda faltava um evento: o envio do Espírito Santo para fazer morada no interior dos que creem em Jesus. "Eu lhes envio a promessa de meu Pai; mas fiquem na cidade até serem revestidos do poder do alto" (Lc 24.49). Mediante o seu exemplo e ensino, Jesus já havia preparado os seus discípulos para o ministério futuro deles. Agora, Cristo os equiparia ainda mais com a presença do Espírito Santo, que os capacitaria a prosseguir com o ministério de Cristo e glorificar a Deus. "Mas receberão poder quando o Espírito Santo descer sobre vocês, e serão minhas testemunhas em Jerusalém, em toda a Judeia e Samaria, e até os confins da terra" (At 1.8).

Uma das mais importantes imagens bíblicas do Espírito Santo é a unção especial de óleo, descrita em Êxodo 30.22-33. Esse óleo era utilizado somente para consagrar profetas, sacerdotes e reis, *bem como para ungir pessoas que haviam sido curadas da lepra* (Lv 14.1-32). Primeiramente, o sacerdote colocava um pouco de sangue do animal sacrificado no polegar do pé direito, no polegar da mão direita e na orelha direita da pessoa curada. Então, o sacerdote *depositava o óleo sobre o sangue*. O sacerdote não derramava o óleo diretamente sobre a carne humana, pois a lei demandava que fosse colocado sobre o sangue. Este procedimento relaciona-se com João 7.37-39, pois Jesus teve que derramar o seu próprio sangue e ser glorificado antes que o Espírito Santo pudesse ser dado ao povo de Deus. No discurso proferido no aposento superior, Jesus assegurou aos discípulos que ele não os deixaria órfãos, mas enviaria o Espírito Santo para habitar e trabalhar neles e por meio deles (Jo 14.15-18; 15.26,27; 16.5-15).

No texto original, em grego, a palavra usada para o Espírito Santo é *paracletos*, que é traduzido diferentemente em várias versões da Bíblia: Intercessor, Consolador, Auxiliador, Advogado e Conselheiro. O termo grego significa "alguém chamado para ajudar", pois o Espírito Santo realiza a obra de Deus por meio de nós na medida em que nos rendemos a ele. Ele é o dom de Deus para todo aquele que crê (1Ts 4.8; Tt 3.5; 1Jo 4.13) para o iluminar, capacitar e encorajar.

Estar "cheio do Espírito Santo", expressão que aparece dez vezes no livro de Atos, significa ser controlado pelo Espírito. Quando as pessoas são tomadas pela ira e pela tristeza, ficam sob o controle de tais sentimentos. Os primeiros cristãos permaneceram dez dias em oração, preparando-se para a vinda do Espírito (At 1) e, quando ele veio, concedeu à Igreja três maravilhosos privilégios.

O privilégio de ser receptor

Os cristãos são receptores, não produtores. Desde o momento de nossa conversão até o evento em que nosso corpo será glorificado, dependemos da ação do Altíssimo para recebermos o que nos tem prometido. Nós não "produzimos" o nosso ministério, mas recebemos as direções e a força do Senhor. O povo de Deus deve aguardar no Senhor até que ele abra seus olhos e seus caminhos, capacitando-os para o serviço. A igreja inicial perseverou em oração por dez dias, consciente de que o Senhor cumpriria a sua promessa no tocante ao envio do Espírito Santo. As igrejas atuais realizam reuniões de oração? O povo de Deus hoje separa tempo para orar e aguardar no Senhor pelo envio da sua bênção? Receio que dedicamos tempo demasiado na confecção de "óleo" falso (baseado nas fórmulas do mundo) e negligenciamos totalmente a bênção do Senhor. O Dr. A. W. Tozer escreveu: "Se Deus tirasse o Espírito Santo deste mundo, boa parte daquilo que a igreja está fazendo prosseguiria como se nada tivesse acontecido e ninguém notaria a diferença." Como Nadabe e Abiú, levamos fogo profano ao santuário, em vez de recebermos o fogo santo do céu (Lv 9.22–10.7).

É nosso privilégio ministrar para nosso Senhor, porém não podemos fazê-lo com nossas próprias forças. Jesus lhes prometeu: "Mas receberão poder quando o Espírito Santo descer sobre vocês" (At 1.8a) e eles acreditaram na promessa de Cristo. Antes de iniciarem o ministério público, os cristãos necessitavam ser controlados pelo Espírito Santo, tal como Jesus em seu ministério terreno (Lc 4.1,14,18). Os cristãos da igreja primitiva sabiam que o Senhor Jesus estava cheio do Espírito e que eles seriam cheios também (Jo 14.16-18). O Espírito havia habitado *com* eles na pessoa de Jesus Cristo e, em breve, habitaria *neles*, no dia de Pentecoste (Jo 14.17).

A Igreja não é capaz de funcionar eficazmente sem o poder do Espírito Santo, o que explica por que existem 56 menções ao Espírito Santo no livro de Atos. Para começar, o Espírito Santo *unifica o povo de Deus*. É responsabilidade de cada cristão se empenhar visando a "conservar a unidade do Espírito pelo vínculo da paz" (veja Ef 4.1-6). Quando Jesus orou para que fôssemos um (Jo 17.11,20-23), ele estava pedindo por uma *unidade com diversidade* e não por uma entorpecida *uniformidade*. O Espírito não foi enviado para nos transformar em "cristãos produzidos em série", mas para alimentar a Igreja com pessoas dotadas de uma diversidade de dons que se mesclam para cumprir a vontade de Deus e glorificar o seu santo nome. O Espírito capacita a Igreja a desfrutar de unidade na diversidade, bem como de maturidade espiritual a fim de que o corpo seja forte e saudável. As dissensões e divisões estão para o corpo de Cristo assim como os derrames cerebrais estão para o corpo humano: os componentes param de trabalhar juntos, resultando em incapacidade e paralisia.

O Espírito Santo *nos dá a certeza de sermos filhos de Deus*. O inimigo nos acusa e tenta nos convencer de que não somos filhos de Deus, mas o Espírito testifica que somos. A passagem de Efésios 1.13,14 nos informa que somos selados pelo Espírito e este selo é uma garantia (penhor, segurança) de que pertencemos a Deus e temos um futuro no céu. O Espírito *nos dá acesso ao Pai* (Ef 2.18; 3.12; Rm 5.1,2), permitindo nosso louvor, nossa comunhão e oração. Ainda, o Espírito *intercede por nós* (Rm 8.26,27) e nos ajuda a conhecer e cumprir a vontade do Pai. Ele *nos ensina a Palavra de Deus* (Jo 14.26; 15.26; 16.12-15; 1Co 2.13). É algo esplêndido possuir uma educação teológica formal, porém o meu diploma não constitui garantia de que aprendi todas as profundas verdades das Escrituras. Durante todos esses anos após a minha conversão, tenho me regozijado em comparar Escritura com Escritura e descobrir a nutrição e a maravilha da Palavra de Deus.

Se andarmos no Espírito e buscarmos glorificar o Criador, o Espírito *nos lembra o que ele ensinou e nos capacita a aplicar a verdade de Deus em nosso viver diário*. Com frequência, sou lembrado pelo Espírito de uma promessa ou advertência nas Escrituras exatamente quando preciso de ajuda. "A tua palavra é lâmpada que ilumina os meus passos e luz que clareia o meu caminho." (Sl 119.105). Certa noite, um motorista bêbado atingiu o meu carro a quase 130 quilômetros por hora e teria me matado não fosse a graça divina. Já andou de ambulância com a sirene ligada e os socorristas fazendo tudo o que podem para manter a sua vida? Um versículo apossou-se de meu coração enquanto eu jazia deitado naquela maca e fiquei repetindo-o mentalmente vez após vez: "Grande é o Senhor e digno de ser louvado; sua grandeza não tem limites." (Sl 145.3). O Espírito é o grande encorajador e ele usa as Escrituras para aquietar nosso coração, aumentar nossa fé e nos assegurar que tudo está bem. Às vezes, o Espírito concede uma promessa a toda uma classe bíblica ou congregação. "A igreja passava por um período de paz em toda a Judeia, Galileia e Samaria. Ela se edificava e, encorajada pelo Espírito Santo, crescia em número, vivendo no temor do Senhor." (At 9.31).

Como filhos amados do Altíssimo, somos receptores. "O meu Deus suprirá todas as necessidades de vocês, de acordo com as suas gloriosas riquezas em Cristo Jesus." (Fp 4.19). Como recebemos o de que necessitamos? Mediante a oração e a fé nas promessas de Deus. Charles H. Spurgeon disse aos seus estudantes: "Contudo, irmãos, quer vocês gostem quer não, pedir é a regra no Reino." Tiago nos adverte: "Não têm, porque não pedem." (4.2b). Está mais do que provado que quando os filhos de Deus estão andando debaixo da vontade do Pai e levam as suas necessidades ao divino trono, suas súplicas são atendidas. Somos receptores! "Peçam, e lhes será dado" (Mt 7.7a).

O privilégio de ser transmissor

As bênçãos que recebemos de Deus devem ser compartilhadas com as demais pessoas, porque ele nos abençoa para que possamos ser uma bênção neste mundo desagregador em que vivemos. Sim, somos receptores, mas "há maior felicidade em dar do que em receber" (At 20.35b). Os cristãos não são reservatórios a serem admirados, mas fontes de água viva que promovem o encorajamento e a capacitação dos outros. Deus nos diz hoje o que declarou a Abraão, séculos atrás: "E o abençoarei [...] e você será uma bênção" (Gn 12.2). Um dos maiores júbilos da vida cristã é ser um transmissor e ajudar outros a também serem transmissores. Jesus afirmou: "Digo-lhes a verdade: o que vocês fizeram a algum dos meus menores irmãos, a mim o fizeram" (Mt 25.40b, veja o v. 45). Quando servimos ao próximo, estamos servindo e glorificando a Jesus.

A palavra traduzida como "testemunhas", em Atos 1.8, nos remete ao termo "mártir" e a palavra cuja tradução é "poder" nos dá "dinamite". Mártir é uma pessoa que dá a sua vida para testemunhar a verdade. Entregar a vida pelo Senhor constitui o ápice de ser sua testemunha. Contudo, o poder para testemunhar advém do Espírito Santo e não de boas notas nas aulas de evangelismo ou da leitura de livros sobre como ganhar almas. Aulas e livros são úteis e importantes, porém o poder do Espírito é fundamental e tudo o que temos de fazer é nos rendermos totalmente ao Senhor. Não importa a complexidade das tarefas que o Senhor nos designe, dependemos da capacitação do Espírito Santo para falar e agir no tempo e do modo certo para atingir o propósito correto. O Espírito nos concede os dons de que necessitamos a fim de eficazmente servir ao Senhor, mas é preciso a nossa total entrega e obediência a Cristo se realmente desejamos a bênção do Espírito.

Devemos ser como o apóstolo Pedro que, ao ser ordenado por seus oponentes a manter-se quieto, replicou: "Julguem os senhores mesmos se é justo aos olhos de Deus obedecer aos senhores e não a Deus. Pois não podemos deixar de falar do que vimos e ouvimos" (At 4.19,20). Testemunhas são pessoas que andam e aprendem com o Senhor e, portanto, são capacitadas pelo Espírito a compartilhar com os outros as suas experiências pessoais com o Senhor. Elas são movidas por um impulso interior que advém do Espírito. Testemunhar não é desenvolver diálogos religiosos inteligentes, tampouco é debater teologia ou discutir sobre igrejas, mas é amorosamente compartilhar com as demais pessoas o que Cristo fez por nós e o que pode fazer por elas. É plantar a semente da Palavra de Deus nos corações daqueles a quem testemunhamos e confiar na iluminação do Espírito a fim de levá-los à fé no Salvador (Jo 16.7-11). É encorajador saber que não estamos sozinhos em nosso testemunho, pois um planta a semente, outro semeia com oração e Deus realiza a colheita (Jo 4.31-39). A colheita pode não ocorrer imediatamente, mas o Senhor da colheita sabe o que está fazendo.

Devemos ter em mente que o testemunho não envolve apenas falar as palavras certas, mas também viver uma vida cristã consistente que comprove o que testemunhamos verbalmente. Isso significa mostrar um amor genuíno pelos perdidos, orar por eles e não se envergonhar de Cristo ou do evangelho (Mc 8.38; Rm 1.16). Testemunhar não é como ligar e desligar um interruptor de luz, mas requer que deixemos a nossa luz brilhar constantemente a fim de glorificarmos a Jesus Cristo (Mt 5.16). Pés andando na vontade de Deus, mãos fazendo a obra de Deus e um rosto brilhando com a glória de Deus (2Co 3.18; At 6.15) são as marcas de uma verdadeira testemunha.

O privilégio de ser explorador

Antes da ascensão do Senhor, seus discípulos perguntaram se ele restauraria o reino a Israel (At 1.6). O Mestre respondeu que eles não deveriam se preocupar com tais coisas, mas se concentrassem naquilo que o Pai desejava que eles fizessem naquele momento. "Mas receberão poder quando o Espírito Santo descer sobre vocês, e serão minhas testemunhas em Jerusalém, em toda a Judeia e Samaria, e até os confins da terra" (At 1.8). O povo de Deus deve ser como um desbravador corajoso e não como um colonizador acomodado. Tampouco deve ter saudade do passado, mas olhar e anelar pelo futuro.

Certo homem idoso, membro de uma das igrejas que servi, disse-me: "Pastor, não importa o que lhe digam, os bons velhos tempos não foram tão bons assim!" Algumas igrejas pensam ser conservadoras quando, na verdade, estão apenas sendo preservadoras. Como o servo negligente da parábola, eles cuidadosamente guardavam o que Deus lhes havia comissionado, mas nada faziam com aquilo (Mt 25.18). Há amigos que anseiam pela restauração da era puritana, enquanto outros suspiram pelos dias de grandes pregadores como Moody e Sankey. Fui sobremaneira abençoado com a leitura sobre aqueles dias, porém tentar revivê-los pode não ser a vontade de Deus. Com isso, não quero dizer que devemos abandonar o passado, mas sim relembrar aquela história como um leme a guiar-nos e não como uma âncora que nos retém. O lema da Mocidade para Cristo é a melhor síntese: "Ao compasso dos tempos, mas ancorada na Rocha." Ignorar o passado é silenciar um dos nossos mais importantes professores, mas buscar reproduzir o passado é tentar o impossível. O pequeno poema a seguir tem me ajudado a manter o antigo e o novo sob foco apropriado:

> Métodos são muitos, princípios são poucos;
> Métodos sempre mudam, princípios nunca.

Novos métodos surgem de velhos métodos, porém os antigos e comprovados princípios jamais devem ser substituídos, em especial aqueles ensinados nas Escrituras. Nossos modernos métodos de transporte e comunicação são infinitamente superiores aos usados por Paulo, Agostinho e Moody nos "bons e velhos tempos". Contudo, não há substitutos para os princípios dados por Deus e aprovados no teste do tempo. Sempre é o momento certo de os cristãos se sentirem responsáveis pelos pecados da nação e a condição da Igreja. Sempre é o momento certo para o povo do Senhor confessar os pecados e orar por um reavivamento espiritual. Discorrendo sobre a obediência à inspirada Palavra de Deus, Jeremias exortou o povo: "Ponham-se nas encruzilhadas e olhem; perguntem pelos caminhos antigos, perguntem pelo bom caminho. Sigam-no e acharão descanso" (Jr 6.16b). No entanto, andar nos caminhos antigos não nos impede de ter novos sonhos, novas visões e experimentar um novo poder. Alguém afirmou que aquilo que os saudosistas falam sobre os bons e velhos tempos é uma combinação de memória fraca e boa imaginação. Como bom saudosista que sou, estou inclinado a concordar com essa afirmação.

Na edificação da Igreja, Jesus faria uma coisa nova: ele uniria povos diversos em um único "povo de Deus", onde "não há judeu nem grego, escravo nem livre, homem nem mulher; pois todos são um em Cristo Jesus" (Gl 3.28). Jesus comissionou a Igreja a ir a todas as nações e pregar o evangelho (Mt 28.18-20). Ele salvou Saulo de Tarso, transformando-o em Paulo, o apóstolo para os gentios, que devotou a sua vida à evangelização do Império Romano e à fundação de igrejas. Quando os cristãos de Jerusalém se sentiram muito confortáveis, o Senhor permitiu que a perseguição os espalhasse como sementes às outras cidades e, por conseguinte, mais igrejas foram plantadas (At 8.1-8). O Senhor enviou o seu Espírito Santo a um aposento superior em Jerusalém e encheu o seu povo com sabedoria e poder. Assim, eles abriram as portas e saíram a proclamar as boas-novas do evangelho a um mundo perdido.

Hoje, tendemos a fechar as portas e, como uma espécie de "elite espiritual", desfrutamos da comunhão no interior enquanto as pessoas do lado de fora perecem. Temos mapeado todas as trilhas antigas e amamos caminhar nelas, mas necessitamos desesperadamente desbravar novas estradas. Devemos crescer em graça e conhecimento, compreendendo que "se alguém está em Cristo, é nova criação. As coisas antigas já passaram; eis que surgiram coisas novas!" (2Co 5.17b). Em que proporção o novo está presente em nosso testemunho? O livro de Atos revela que, às vezes, Deus age repentinamente e devemos estar preparados. De repente, ouviu-se o som do "vento" do Espírito Santo e os cristãos ficaram cheios do Espírito (At 2.2). De repente, brilhou do céu uma luz intensa, cegando a Saulo de Tarso e jogando-o ao chão (At 9.3; 22.6). Subitamente, um grande terremoto abriu as celas da prisão em Filipos (At 16.26) e o carcereiro e sua família foram salvos. Com certeza não apreciamos as repentinas interrupções do Senhor, pois, com afinco, trabalhamos na preparação de cada culto dominical e interrupções não são bem-vindas.

É louvável que igrejas locais enviem seus missionários para outros países ou regiões, porém é igualmente positivo quando cada membro de uma igreja local torna-se um missionário em sua própria área de atuação. Tenho ministrado as Escrituras em igrejas onde, ao se entrar no edifício, é possível ver uma placa com os dizeres ENTRE PARA ADORAR e, ao sair, há outra placa que diz SAIA PARA SERVIR ou, talvez, VOCÊ AGORA ESTÁ ENTRANDO EM SEU CAMPO MISSIONÁRIO. É o Espírito Santo que nos envia a propagar o evangelho (At 13.4) e nos capacita a dizer às pessoas como ir para o céu.

Jamais devemos nos envolver em demasia com novos desafios e, assim, negligenciar a ministração a pessoas que já são cristãs há muitos anos. Paulo revisitou as igrejas que fundou para certificar-se de que os que creram em sua primeira visita estavam progredindo e servindo. Paulo os havia ensinado e, por sua vez, eles deveriam ensinar a outros. *Uma das maiores necessidades em nossas igrejas atuais é a obediência a 2Timóteo 2.2*: "E as coisas que me ouviu dizer na presença de muitas testemunhas, confie a homens fiéis, que sejam também capazes de ensinar a outros." Aqui há quatro gerações de cristãos e todos são uma bênção! Uma das maiores alegrias de meu ministério tem sido o privilégio de ser mentor de outros cristãos com chamado ministerial. Ainda, tenho me envolvido com alguns jovens pastores, o que, para mim, constitui uma grande satisfação e, ao mesmo tempo, um enorme desafio.

Henry Martin, o piedoso missionário na Índia e Pérsia, escreveu: "O Espírito de Cristo é o espírito de missões, e quanto mais perto estivermos dele, mais intensamente missionários nos tornaremos." Um cristão cheio do Espírito Santo não é, necessariamente, identificado por experiências miraculosas, mas pela manifestação do fruto do Espírito (Gl 5.22,23) e a proclamação de que Jesus é o Filho de Deus e Salvador do mundo. O Espírito glorifica a Jesus (Jo 16.14) e, de igual modo, o cristão cheio do Espírito.

(O espelho do evento: uma pausa para reflexão)

O seu corpo é o templo do Espírito Santo. Você está cuidando dele de maneira que honre o Senhor e você possa servir eficazmente?

Igualmente, o seu corpo é a "caixa de ferramentas" de Deus para o serviço. Ele deseja usar os vários elementos de seu corpo como ferramentas divinas para alcançar os propósitos de Cristo (Rm 6.12-14). Dedique o seu corpo e suas habilidades ao Senhor e busque honrá-lo em tudo. Reflita sobre Romanos 6.11-14. O Espírito Santo glorifica a Deus à medida que nos capacita a fazer a vontade do Senhor a partir de um coração amoroso.

Procure manter um bom relacionamento com o Espírito! Não o entristeça (Ef 4.30) pela deliberada desobediência ou tentativa de fazer as coisas do seu jeito. Você estará privando Deus da glória que pertence somente a ele. É perigoso mentir ao Espírito, em uma tentativa de cobrir um plano pecaminoso (At 5.1-11). Uma atitude egoísta de repetida desobediência irá extinguir o Espírito e privá-lo da sabedoria e do poder de que você tanto necessita (1Ts 5.19). A obstinada resistência e a rebelião contra a vontade de Deus apenas acarretarão derrotas diárias, não importa quão talentosos sejamos. O Espírito Santo é um desbravador que utiliza o povo de Deus para fazer avançar a causa de Cristo. Você está progredindo pela fé ou está em uma situação confortável e avesso a mudanças? A convocação de nosso Mestre é "Sigam-me, e eu os farei pescadores de homens" (Mt 4.18-22). Você crê em Cristo? Irá segui-lo?

O futuro é seu amigo quando Jesus Cristo é o seu Senhor.

Esta obra foi impressa no Brasil e conta com a
qualidade de impressão e acabamento
Geográfica Editora.

Printed in Brazil.